다가올 3년
대전환 시대에
좋은 기업 투자로
부자 되세요!

이 상 헌

2021. 1

다가올 3년, 대전환시대에 사야 할 주식

빠르게 성장할 산업과
3가지 투자 혁신코드를 잡아라!

다가올 3년,
대전환시대에
사야 할 주식

이상헌 지음

메이트북스

메이트북스 우리는 책이 독자를 위한 것임을 잊지 않는다.
우리는 독자의 꿈을 사랑하고,
그 꿈이 실현될 수 있는 도구를 세상에 내놓는다.

다가올 3년, 대전환시대에 사야 할 주식

초판 1쇄 발행 2021년 2월 1일 **｜ 지은이** 이상헌
펴낸곳 ㈜원앤원콘텐츠그룹 **｜ 펴낸이** 강현규·정영훈
책임편집 오희라 **｜ 편집** 안정연·유지윤 **｜ 디자인** 최정아
마케팅 김형진·차승환·정호준 **｜ 경영지원** 최향숙·이혜지 **｜ 홍보** 이선미·정채훈
등록번호 제301-2006-001호 **｜ 등록일자** 2013년 5월 24일
주소 04607 서울시 중구 다산로 139 랜더스빌딩 5층 **｜ 전화** (02)2234-7117
팩스 (02)2234-1086 **｜ 홈페이지** www.matebooks.co.kr **｜ 이메일** khg0109@hanmail.net
값 17,000원 **｜ ISBN** 979-11-6002-319-0 03320

이 도서의 국립중앙도서관 출판시도서목록(CIP)은 e-CIP홈페이지(http://www.nl.go.kr/ecip)에서
이용하실 수 있습니다(CIP제어번호 : CIP2020055403).

기업의 미래를 추정하는 가장 좋은 방법은
치밀하고 끝없는 사실 수집이다.
될 수 있는 한 많은 현장의 자료와
데이터, 사실들을 수집하고
사람들을 만나 데이터를 교차 검증하는 수밖에 없다.

• 필립 피셔(워런 버핏의 스승) •

대전환시대를 맞아
가치창출 주식을 사야 한다

지금까지 인류는 전쟁과 전염병과의 싸움으로 인구가 대폭 감소한 역사가 있었지만 문명의 발전 등을 통해 이를 극복하면서 새롭게 발전해왔다.

현재 코로나19 사태로 인해 전 세계가 사회, 경제 등은 물론이고 일상생활에서 기존에 없었던 여러 변화를 경험하고 있다. 이런 엄청난 변화들로 인해 기존 시스템이 무력화되면서 새로운 시스템이 필요하게 되었다. 어쩔 수 없이 과도기를 맞게 되고 새로운 시스템을 적응하는 과정에서 또 다른 변화들이 일어나면서 불확실한 환경들이 펼쳐지고 있다.

어찌되었든 코로나19로 인해 인류는 다시 한 번 역사의 대전환점에 직면했다. 훗날 역사는 평가할 것이다. 코로나19가 기폭제가 되어 많은 변화들이 일어났고, 이런 변화들을 적용하는 과정에서 혁신이 일어났고 이를 통해 역사가 발전해나갔다고.

한편 주식시장을 '경제의 거울'이라고도 표현한다. 주식시장을 통해 국가 및 기업의 실적, 신용도, 유동성, 금리, 환율, 수출, 소비심리, 글로벌 경제흐름 등 현재의 경제상황뿐만 아니라 미래의 전망까지 알 수 있기 때문이다.

무엇보다 이러한 주식시장에서는 이전에는 단순히 돌덩어리로 여겨지던 것이 시대에 따라 황금으로 평가되는 등 가치라는 것이 항상 시대상을 반영하면서 변화한다.

이렇듯 시대변화가 반영된 대표적인 종목들이 주식시장을 주도하기 때문에 대전환시대라는 불확실한 환경 하에서는 가치창출로 역사를 바꿀 종목들이 향후 주식시장의 주도주가 되어 이끌어나갈 것이다. 지난 역사에서도, 그리고 현재에도 이런 현상은 어김없이 반복되고 있다.

제1차 산업혁명 시기에 철도는 기술적으로는 궤도와 견인력의 혁신결과로 나타난 것이다. 당시 영국에서는 철도산업이 최대산업의 하나로 가파르게 성장함에 따라 철도 관련 주식이 주식시장의 상승을 주도했다.

제2차 산업혁명에서는 전기와 함께 새로운 동력원으로 부상한 것이 내연기관이었다. 자동차 보급 등으로 새로운 산업 등이 출현하면서 성장에 대한 기대감에 따라 자동차 등이 다우산업지수의 상승을 이끌었다.

제3차 산업혁명에서는 초고속망 보급 및 각종 인터넷 서비스 등이 인터넷 대중화의 촉매제가 되었다. 그 파급효과의 기대치 상승으로 닷컴기업 등의 종목들이 상승을 주도했다.

2000년대에 들어서면서 중국이 새로운 전 세계 생산기지로 급부상하면서 자본재와 중간재 수요가 폭발적으로 증가했다. 이에 따라 원유 등 원자재 가격이 급등하면서 유가 관련 주식들이 주식시장을 이끌었다.

2010년대에는 스마트폰의 보급 및 LTE 등의 통신환경으로 이른바 제4차 산업혁명이 태동하기 시작했다. 제4차 산업혁명을 한마디로 표현하자면 모든 사물에 센서, 통신칩을 집어넣어서 정보를 받아들이고 내보내는 역할을 할 수 있게 하는 '모든 사물의 지능화'이다. 즉 자동차에 통신을 연결하면 스마트카가 되는 것이고, 공장에 통신을 연결하면 스마트팩토리가 되는 것이다. 집에 통신을 연결하면 스마트홈이 되는 것이고, 도시에 통신을 연결하면 스마트시티가 되는 것이다. 이것은 본질적으로 '전 세계의 소프트웨어화'를 의미한다.

이렇듯 제4차 산업혁명에서 모든 형태의 새로운 비즈니스 모델 출현은 데이터를 기반으로 할 것이다. 따라서 클라우드 등을 활용한 데이터 축적은 단순히 버려지는 쓰레기가 아니라 향후 새로운 비즈니스 모델의 원천이 될 수 있기 때문에 무형의 자산가치로서 인식되는 데이터 축적 효과가 발생하면서 그 가치가 크게 상승할 수 있다.

이에 따라 그동안 주식시장은 무형자산 가치가 높은 애플, 아마존, 마이크로소프트, 알파벳, 페이스북, 테슬라, 넷플릭스 등이 주도하고 있다.

이렇듯 시대흐름에 결부되어 가치가 변화함에 따라 각 시대마다 주도주가 바뀌었다. 그렇다면 이번 코로나19로 인해 향후 전개될 대전환시대에는 과연 어떤 가치가 창출되면서 어느 주식들이 주도주가 될 수 있을까?

이러한 측면에서 이 책에서는 '그린(Green), 디지털(Digital), 헬스케어(Health care)'를 향후 주식시장을 주도할 3가지 혁신코드로 선정했다.

첫 번째 혁신코드는 그린(Green)이다. 현재 세계 각국이 코로나19 극복과 더불어 저성장시대의 새로운 경기부양책으로 그린뉴딜을 선택하고 정책수립에 돌입했다. 에너지 전환사업 등 녹색산업에 대한 투자로 경제활성화를 도모하기 위함이다. 이와 같은 전 세계 그린뉴딜 정책 등으로 향후 시장 규모가 커질 것으로 예상됨에 따라 관련 주식 등의 성장성이 부각될 수 있을 것이다.

두 번째 혁신코드는 디지털(Digital)이다. 코로나19 사태로 인한 비대면화의 급격한 확산 및 디지털 트랜스포메이션 가속화 등 경제사회 구조의 대전환으로 디지털 역량의 중요성이 다시 한 번 강조되고 있다. 이에 따라 세계 주요국들은 재정투자 방향을 디지털 트랜스포메이션에 초점을 맞춰 주력하고 있다.

이와 같은 디지털뉴딜 정책 등으로 시장 규모가 커질 뿐만 아니라 새로운 비즈니스 모델이 만들어지거나 재정립되면서 관련 주식 등의 성장성이 한층 더 부각될 수 있을 것이다.

세 번째 혁신코드는 헬스케어(Health care)이다. 코로나19로 인해 전 세계적으로 자유로운 이동이 제한됨에 따라 건강 및 의료서비스를 찾는 소비자들에게도 많은 변화가 찾아오면서 스마트 헬스케어 시장이 급부상하고 있다. 궁극적으로 향후 의료 생태계는 디지털 기술을 바탕으로 의료 관련 여러 주체들이 소비자를 중심으로 포괄적인 서비스를 제공함으로써 예전에 비해 다양한 가치를 창출할 것으로 예상된다.

또한 코로나19 사태로 의약품 시장에서 200여 개의 약품이 동시에 개발되는 상황이 벌어지고 있다. 이러한 긴급상황 등으로 의약품 원부자재 수요가 20~30% 이상 급격히 늘어나면서 공급차질이 발생하고 있다. 이에 따라 제약기업들은 CMO(위탁생산) 또는 CDMO(위탁개발생산)와 중장기적인 파트너십을 구축해 안정적이고 효율적인 공급망을 확보하는 데 주력함에 따라 관련 기업의 수혜가 예상된다.

대전환시대에는 여러 가지 시스템의 변화로 위기와 기회가 공존한다. 이러한 위기를 맞아 적절히 대응하지 못하거나 극복하지 못하면 결국 도태될 것이다. 그러나 이렇게 판을 흔드는 과정에서 기회도 포착될 것이다. 무엇보다 주식시장에서는 대전환이라는 큰 흐름 속에서 어느 곳에서 가치가 변화되어가고 어떤 가치가 창출되는지를 포착하는 것이 중요하다.

앞으로 다가올 미래를 예측하고 판단하는 일은 무척 어렵고, 특히 정확도 측면에서도 현저히 떨어질 수 있다. 그럼에도 불구하고 아무쪼록 이 책이 대전환시대에 가치가 변화되고 창출될 수 있는 아이디어를 포착하는 데 도움이 되어 주식투자로 기회를 잡는 데 보탬이 되었으면 한다.

끝으로 늘 곁에서 버팀목이 되어주는 아내 세은이와 아빠를 제일 좋아하는 사랑스러운 딸 예원이, 늘 잘되기를 기원하시는 양가 부모님과 더불어 소통이 잘 되는 친구 관영이에게도 고마움을 전하며, 이 책을 읽는 독자에게도 행운을 빈다.

이상헌

3부

두 번째 혁신코드 '디지털'
: 디지털뉴딜이
디지털 경제를 앞당긴다

4부

세 번째 혁신코드 '헬스케어'
: 코로나19가 스마트 헬스케어를
촉발시킨다

▌기술혁신에 의한 산업혁명은 관련 주식의 엄청난 상승을 동반한다
▌제4차 산업혁명의 핵심은 비즈니스 모델 혁신이다
▌베이비부머세대, X세대, 밀레니얼세대, Z세대로 시장이 세분화된다
▌인류의 대변혁마다 어김없이 전쟁과 전염병이 있었다
▌코로나19는 제4차 산업혁명을 가속시키는 게임 체인저
▌코로나19로 인한 각국 정부의 경제혁신 정책에 주목하자
▌다가올 3년, 돈 되는 주식은 3가지 혁신코드에서 나온다

1부

대전환시대를 맞아

: '그린, 디지털, 헬스케어'에 투자하자

Green·Digital·Health care

기술혁신에 의한 산업혁명은
관련 주식의 엄청난 상승을 동반한다

기술혁신에 의한 산업혁명은, 기존에 없었던 것이 새로 출현해 사회 및 경제에 지대한 영향을 미치기 때문에 이와 관련된 주식의 엄청난 상승이 동반된다. 무엇보다 현재 전개되고 있는 제4차 산업혁명으로 인한 가치상승 요인에 주목해야 할 것이다.

혁신(Innovation)은 새로운 아이디어, 방법, 디바이스 등의 등장을 의미한다. 이러한 혁신들로 인해 일어난 사회적·경제적 큰 변화가 바로 산업혁명이다. 즉 인류역사 변화의 중심에는 새로운 기술의 등장과 더불어 기술혁신이 자리잡고 있으며, 새로운 기술의 등장이 단순히 기술적 변화에 그치지 않고 전 세계의 사회 및 경제구조 변화에 큰 영향을 미치는 것이 산업혁명이다.

수차례에 걸친 산업혁명 시기마다 인류는 '향후 좀 더 풍요롭게 잘 살게 될 것'이라는 희망을 가졌었다. 실질적으로도 기술혁신에 의한 산업혁명으로 전반적인 삶의 질과 수준을 크게 높여왔다.

특히 경제적인 측면에서 비즈니스 모델은 제품 및 서비스 등 고객에게 창출하는 가치를 새로운 기술 등을 활용·전달해 수익을 획득하는 구조를 메커니즘으로 구축하는 것인데, 이러한 비즈니스 모델도 산업혁명으로 인한 기술발달로 혁신을 이뤄왔다.

이와 같이 기술혁신에 의한 산업혁명은 기존에 없었던 것이 새로 출현해 사회 및 경제에 지대한 영향을 미쳤기 때문에 이와 관련된 주식의 엄청난 상승이 동반된다. 다시 말해 혁신동인이 증기기관인 제1차 산업혁명에서는 철도 관련 주식들이 크게 상승했고, 전기가 발명된 제2차 산업혁명에서는 자동차 등 다우산업지수가 크게 올랐으며, 컴퓨터와 인터넷 등이 등장한 제3차 산업혁명에서는 닷컴 관련 주식들이 상승을 주도했다.

이들 산업혁명은 역사적 관점에서 보자면 아주 짧은 기간 동안 발생했으나 그 영향력은 개인의 일상생활에서부터 전 세계의 기술, 산업, 경제 및 사회 구조를 뒤바꿔놓을 만큼 거대했다. 무엇보다 새로운 기술의 등장과 기술혁신은 계속 진행중에 있으며, 또 다른 산업혁명을 야기하고 있다.

제1차 산업혁명으로
철도 관련 주식이 상승하다

제1차 산업혁명은 18세기 중엽 영국에서 시작된 기술혁신과 이에 수반해 일어난 사회·경제 구조의 변혁을 의미한다. 공학기술자인 제임스 와트가 석탄을 때서 생기는 수증기를 이용하는 증기 기관을 만들어 기계뿐만 아니라 차나 배도 증기의 힘으로 갈 수 있게 되었다. '철도의 아버지' 조지 스티븐슨이 만든 증기기관차 덕분에 공장에서 대량으로 생산된 제품들을 빠르고 값싸게 운반할 수 있을 뿐만 아니라 원료도 나를 수 있게 되었다. 증기기관차를 달릴 수 있게 하기 위해서는 철도가 필요하므로 1830년 영국의 리버풀에서 맨체스터까지 승객과 제품을 함께 운송하는 철도가 최초로 뚫리면서 유럽 여러 나라에도 철도가 건설되었다.

제1차 산업혁명 시기에 철도는 기술적으로는 궤도와 견인력의 혁신 결과로 나타난 것으로, 영국에서는 최대산업의 하나로 성장했다. 이에 따라 많은 철도회사들이 설립되는 과정에서 철도회사 주식에 대한 투자열풍이 불기 시작했으며, 철도를 건설하겠다는 계획을 발표하는 것만으로도 엄청난 자금이 몰려들면서 주가가 크게 상승했다.

그러나 철도기업 신설과 철도 건설계획이 잇달아 발표되면서 철도회사의 수익성에 대한 회의가 생겨나기 시작했다. 이러한 환경 하에서 철도건설이 본격화되자 철도회사들은 납입되지 않은 주식대금을 청구했고, 그에 따라 투자자들이 주식대금을 납입하기 위해 주식을 팔기 시작했다. 이에 이자율 상승 부담 등으로 인해 주식매도가 가속화되면서 주가는 폭락했다.

이와 같은 버블에도 긍정적인 효과는 발생했다. 영국경제가 심각한 불황을 겪고 있던 1840년대에 철도건설 붐으로 50만 명의 노동자들이 철도건설 현장에 투입되면서 고용창출이 이뤄진 것이다. 또한 철도건설로 본격적인 철도시대가 열리면서 영국에서 생산된 제품은 전 세계로 팔려 나갔을 뿐만 아니라 새로운 기계와 기술도 다른 나라로 퍼져 나갔다. 19세기 중반에 영국은 전 세계 석탄의 3분의 2, 면제품의 2분의 1 이상을 생산할 정도로 세계경제를 지배하면서 '세계의 공장'이 되었다. 이렇듯 영국에서 시작된 산업의 변화는 전 세계의 생활을 새로운 모습으로 바꿔놓았다.

이러한 제1차 산업혁명의 영향으로 가내수공업에서 공장제 기계공업으로, 농업 중심 사회에서 산업 사회로 바뀌었다. 또한 돈을 투자해 공장을 만들고 노동자를 고용해 이윤을 얻는 자본가가 등장했고, 중소 상공업자가 중심인 중산층의 힘이 커지면서 이들의 요구로 선거권이 확대되기 시작했다.

제2차 산업혁명으로
자동차 등 다우산업지수가 상승하다

제2차 산업혁명에서는 전기와 함께 새로운 동력원으로 부상한 것이 내연기관이었다. 1883년에 독일의 다임러가 마이바흐와 함께 가솔린을 연료로 사용하는 내연기관을 개발했으며, 1886년에는 독일의 벤츠가 4행정 기관의 3바퀴 자동차를 개발함으로써 현대판 자동차가 탄생했다. 이러한 기술혁신 등으로 인해 1890년대에는 유럽과 미국에서 다양한 형태의 자동차가 앞다투어 출시되었다.

가솔린 자동차가 대중화되었던 가장 결정적인 계기는 포드가 1908년부터 추진했던 모델 T의 대량생산에 있었다. 모델 T는 설계가 복잡하지 않고 새로운 합금강을 사용해 견고할 뿐만 아니라 작업의 세분화와 작업공구의 특화에 입각한 생산방식으로 저렴하게 제작되었다. 이와 같이 작업을 세분화하고 공구를 특화한 것은 미국의 엔지니어인 테일러가 제안했던 과학적 관리의 영향이라고 볼 수 있다.

1908년에 처음으로 판매된 모델 T는 폭발적인 인기를 누림에 따라 공장을 증설했다. 포드는 도축장을 시찰하던 중 작업자들이 작업을 마친 후 모노레일을 이용해 갈고리에 매달려 있는 고깃덩어리를 다음 작업자에게 이동시키는 광경을 목격했다. 이후 포드 사의 하이랜드 파크공장에서 컨베이어 벨트 시스템으로 연결된 세계 최초의 조립라인이 구축되었다. 포드의 컨베이어 벨트 시스템은 대량생산의 혁신을 가져오며 대당 조립시간을 획기적으로 단축시켰다.

무엇보다 대량생산으로 인해 자동차 가격이 하락했고, 이에 따라 노동자들을 자동차 고객층으로 확보하면서 대중소비가 시작되었다. 1920년대 중반 이후에는 제너럴 모터스의 시보레가 출시되는 등 자동차 대중화가 가속화되었다.

이와 같이 자동차 보급 등 새로운 산업 등이 출현하면서 성장에 대한 기대감으로 다우산업지수의 경우 1920년부터 1929년 9월까지 216% 상승했다. 특히 자동차산업의 급격한 성장이 보급률 확대로 이어지면서 GM 주가 등이 상승했다.

그러나 1929년 9월과 10월에 주식가격이 하락하기 시작했다. 목요일인 10월 24일 대폭락했고, 그 다음주 월요일과 화요일에도 폭락세는 이어져 주식시장은 완전히 붕괴되었다. 이러한 주가폭락은 1930년대 경제 대공황과 디플레이션으로 이어졌으며, 역사적인 뉴딜정책의 발단이 되었다. 루스벨트 정부가 뉴딜정책의 기치 아래 새로운 금융 인프라를 정립하면서 미국 연방예금보험공사(FDIC)와 미국 증권거래위원회(SEC) 등이 생겨났다. 이로 인해 신용이 주도하는 경제의 초석이 마련되었다.

이러한 제2차 산업혁명으로 미국과 독일 등의 국가를 중심으로 새로운 강철제조기술과 근대적 화학기술이 개발되어 철강 및 화학과 자동차, 전기산업 등 새로운 산업 분야에서 기술혁신이 진행되었다. 또한 대량생산을 하는 구조적 측면의 발전도 있었고, 제조기계, 운송수단의 혁신을 비롯해 영화, 라디오, 축음기가 개발되어 대중의 요구에 부응했다. 비즈니스 모델 측면에서는 가치사슬 모델을 기반으로 한 기업이 내부 프로세스를 통제하고 효율성을 끌어올리며 시장지배력을 확보하게 되었다.

제3차 산업혁명으로 닷컴 관련 주식이 상승하다

20세기 후반에 들어와 제3차 산업혁명이 전개되고 있는 것이 감지되기 시작했다. 즉 1960년대에 시작된 제3차 산업혁명은 반도체와 메인프레임 컴퓨팅을 시작으로 1970년대의 개인용 컴퓨터, 1990년대 인터넷의 발달을 주도하면서 정보통신기술(ICT)의 발전으로 인한 디지털 혁명으로 정보화·자동화 체제가 구축되었다. 제3차 산업혁명이라는 용어를 처음 사용한 사람은 2011년 출간한

『제3차 산업혁명』에서 인터넷과 재생에너지 기술 간의 융합을 통해 새로운 산업혁명이 도래하고 있다는 주장을 펼친 경제학자 제러미 리프킨이다.

인터넷에 연결된 컴퓨터의 수는 1990년에 약 30만 대에 불과했던 것이 2000년에는 1억 대로 증가했다. 이러한 인터넷이 매개가 되어 새로운 비즈니스 모델들이 나타나기 시작해 구글, 야후, 아마존, 이베이 등의 정보통신기술(ICT) 기업들이 등장했다. 또한 제3차 산업혁명 시대에는 컴퓨터와 인터넷 이외에도 생명과학, 자동화, 로봇기술 등이 급성장했다.

한편 초고속망 보급 및 각종 인터넷 서비스 등이 인터넷 대중화의 촉매제가 되었으며, 그 파급효과의 기대치 상승으로 닷컴기업의 주식이 상승을 주도했다. 이에 따라 1990년부터 2000년 3월까지 나스닥 지수는 990% 급등했고, 1999년 2월 24일부터 2000년 3월 10일까지 우리나라의 코스닥 지수는 300% 가까이 급등했다. 1990년부터 업종별 강세 흐름은 반도체에서 시작해 인터넷 및 통신으로 이어진 후 바이오테크를 끝으로 종료되었다.

이와 같은 닷컴 버블에도 긍정적인 측면이 있었다. 수십 년은 걸렸어야 할 광섬유 인프라가 단 수년 만에 깔리게 됨에 따라 인터넷의 인프라 확충이 보다 빨리 이루어졌다. 더 나아가 인터넷은 저렴한 가격으로 이용할 수 있는 다양한 비즈니스 모델을 가능하게 만들었다. 이러한 변화들로 인해 어찌 보면 새로운 형태의 기업들이 탄생했고, 닷컴 버블에서 살아남은 기업들은 다양한 시행착오와 경험이 쌓이면서 성장할 수 있었다.

이러한 제3차 산업혁명은 컴퓨터 및 정보통신기술(ICT)의 발전으로 '디지털 혁명'이라고도 불리며 현실세계의 한계인 시간, 공간의 제약을 극복하기 위해 인터넷으로 온라인 가상세계를 연결한다. 또한 인터넷뿐만 아니라 정보통신기술(ICT), 융합, 개방, 연결, 참여, 세계화, 지속가능성 등의 기술적·사회적 동인으로 인해 기업의 규모가 커지고 경영구조가 복잡해지면서 수많은 새로운 형태의 비즈니스가 등장했다. 특히 플랫폼 비즈니스는 생산자와 소비자로 엮인 네트워크로, 네트워크 규모가 클수록 공급과 수요의 연결이 더 잘 이루어지고 이로 인해 보다 많은 가치가 발생함에 따라 네트워크의 크기를 키워 시장 지배력을 확보하게 되었다.

제4차 산업혁명으로 인한 가치상승 요인

현대사회로 진입할수록 새로운 기술과 기술혁신이 나타나는 주기가 극단적으로 빨라졌으며, 기술의 파급속도도 급격하게 빨라지고 있다. 즉 증기기관 등이 동력인 1차 산업혁명은 18세기 중반부터 19세기 중반까지 100여 년에 걸쳐 진행되면서 산업 생산력을 증가시켰다. 전기와 내연기관이 동력인 제2차 산업혁명은 19세기 말부터 20세기 초반까지 50여 년에 걸쳐 진행되면서 제조업의 혁신이 일어났다. 또한 컴퓨터와 인터넷 등이 동력인 제3차 산업혁명은 20세기 후반부터 현재까지 약 30여 년에 걸쳐 진행되면서 산업구조의 변혁을 이끌었다.

　제4차 산업혁명으로 향후 미래가 어느 때보다도 많이 변화될 것으로 예상된다. 변화가 크면 미래의 가치도 그만큼 커지게 된다. 이는 곧 제4차 산업혁명으로 이어져 여러 가지 리스크에도 불구하고, 그런 변화들이 미래가치를 증가시켜 주가를 크게 상승시키는 원동력이 될 것이다. 따라서 제4차 산업혁명은 무엇이며, 제4차 산업혁명으로 인한 변화들이 과연 어떻게 미래의 가치를 끌어올릴 수 있는지에 대한 근본적인 원리를 알아야 한다.

　전 세계 인구가 줄어들고 있기 때문에 자연스럽게 잠재성장률도 하락하고 있어서 앞으로 고성장을 하고 싶어도 할 수가 없게 되었다. 이는 곧 수요자가 줄어들 수밖에 없기 때문에 양(Q)이 중점이 되는 하드웨어 시대가 지나가고 있음을 의미한다. 이러한 환경 하에서는, 공급자, 수요자, 정부 등도 효율화로 인한 부가가치 창출을 위해서는 맞춤정보가 필요하기 때문에 전 세계의 소프트웨어화가 절실히 요구된다. 바로 이것이 제4차 산업혁명이 등장하게 된 배경이다.

　이에 따라 제4차 산업혁명의 본질은 모든 사물에 센서, 통신칩을 집어넣어서 정보를 받아들이고 내보내는 역할을 할 수 있게 하는 '모든 사물의 지능화'이다. 즉 사물인터넷(IoT) 환경 하에서 빅데이터(BigData)가 산출되며, 인공지능(AI)으로 빅데이터를 처리 및 활용해 사이버 공간에 다시 연결될 뿐만 아니라 지능정보기술과의 결합을 통해 스스로 진화하는 네트워크가 되는 것이다. 이로써 현재보다는 정보를 더 많이 얻을 수 있고, 인공지능을 통해 단지 쌓이는 스팸정보가 아닌 내게 딱 들어맞는 맞춤형 정보 획득을 가능케 해 사전

적이든 사후적이든 인류 삶의 질을 향상시킬 수 있다.

또한 제4차 산업혁명은 '초연결화시대'라고 한다. 이것은 자동차에 통신을 연결하면 스마트카가 되는 것이고, 공장에 통신을 연결하면 스마트팩토리가 되는 것이다. 집에 통신을 연결하면 스마트홈이 되는 것이고, 도시에 통신을 연결하면 스마트시티가 되는 것이다. 이것은 본질적으로 전 세계의 소프트웨어화를 의미한다.

제4차 산업혁명의 핵심은 초연결과 지능화이다. 특히 초연결로 인해 데이터의 개방과 공유가 극대화됨에 따라 특정한 아이디어나 산출물이 사회, 문화 속에서 실현 가능해지고 가치를 인정받기 때문에 혁신을 가져오는 원동력이 될 것이다.

사물인터넷 및 클라우드(Cloud) 등 초연결성에 기반을 둔 플랫폼 기술의 발전으로 O2O(Online to Offline), 공유경제(Sharing Economy), 온디맨드경제(On Demand Economy) 등이 부상하고 있다. 여기서 온디맨드경제는 수요자의 요구에 즉각 대응해 제품 및 서비스를 제공하는 것을 뜻한다.

소비자 경험 및 데이터 중심의 서비스, 새로운 형태의 산업 간 협업 등으로 이어지면서 정보통신기술(ICT)과 초연결성에 기반한 새로운 스마트 비즈니스 모델이 등장하는 것이다. 즉 기술 및 산업 간의 융합을 통해 산업구조를 변화시키고 새로운 스마트 비즈니스 모델을 창출시킬 수 있을 것이다.

사물인터넷, 빅데이터, 인공지능 등 디지털 기술이 발전하면서 사람과 사람 간의 연결뿐만 아니라 사물과도 연결이 쉬워지면서 네트워크가 확대되고 있다. 이런 네트워크는 속성상 어느 일정 시점에

산업혁명의 단계별 변화

	제1차 산업혁명	제2차 산업혁명	제3차 산업혁명	제4차 산업혁명
시기	18세기 후반	19~20세기 초	20세기 후반	2000년대 이후
연결성	국가 내부의 연결성 강화	기업-국가 간의 연결성 강화	사람·환경· 기계의 연결성 강화	자동화, 연결성 의 극대화
최초 사례	방직기(1784)	신시내티 도축장(1870)	PLC: Modicon 084(1969)	
혁신 동인	증기기관 (Steam Power)	전기에너지 (Electric Power)	컴퓨터·인터 넷(Electronics & IT)	IoT·빅데이터·AI 기반 초연결 (Hyper- Connection, CPS)
	동력원의 변화 (유형자산 기반)		정보처리 방식의 변화 (무형자산 기반)	
특징 원인	기계화	전기화	정보화	지능화
특징 결과	산업화 (Industrialisation)	대량생산 (Mass Production)	자동화 (Automation) 기계·SW가 데이터를 생산	자율화 (Autonomisation) 데이터가 기계·SW 제어
현상	영국 섬유공업 의 거대 산업화	컨베이어 벨트 활용 기반으로 대량생산을 달 성한 미국으로 패권 이동	인터넷 기반의 디지털 혁명, 미국의 글로벌 IT기업 부상	사람-사물-공간 의 초연결·초지 능화를 통한 산 업구조 개편

자료: 산업통상자원부

도달하게 되면 승수효과가 발생하게 되는데, 특히 모든 기기와 장소, 사람까지도 연결된 네트워크 효과의 가치는 급격히 증가할 수 있다. 제4차 산업혁명 시대에서는, 이러한 네트워크 효과의 잠재적 가치 증가로 인해 기업가치가 상승하는 것이다.

더욱이 기존 산업 간의 경계가 모호해지고 전통산업 간의 장벽이 무너지는 산업 간 융합으로 인해 기업들의 인수·합병이 활발하게 진행중에 있다. 즉 기술, 새로운 비즈니스를 M&A 등을 통해 획득함으로써 시너지 효과로 인한 기업가치가 창출될 수 있을 것이다. 따라서 기존 제조산업 기업이 IT산업 기업을, IT산업 기업이 기존 제조산업 기업을 M&A 하게 됨에 따라 기존 기업가치 잣대가 아닌 인수하는 기업의 시너지 효과에 따라서 기업가치가 달라질 수 있는 것도 기업가치를 상승시키는 요인이 될 수 있다.

또한 사물인터넷, 빅데이터, 인공지능 등 혁신적인 기술의 발전이 소비자의 행동양식을 변화시킴에 따라 신규시장이 출현하거나 산업의 진화가 플랫폼 비즈니스와 서비스업으로 재편되고 있다. 이와 같은 혁신은 단순한 생산성 증대만 아니라 고객이 원하는 다양한 제품을 빨리 만들고 공간과 시간에 제약없이 원하는 장소와 시간에 빠르게 도착할 수 있게 함으로써 고객의 가치를 증진시키는 것을 의미하며, 이는 곧 기업가치 상승으로 이어질 것이다.

무엇보다 제4차 산업혁명에서 등장하는 모든 형태의 새로운 비즈니스 모델은 데이터를 기반으로 할 것이다. 따라서 클라우드를 활용한 데이터는 단순히 쓰레기가 아니라 향후 새로운 비즈니스 모델의 원천이 될 수 있기 때문에 무형의 자산가치로서 인식되는 데이터 축적 효과가 발생하면서 높은 밸류에이션을 적용할 수 있을 것이다.

제4차 산업혁명의 핵심은
비즈니스 모델 혁신이다

디지털 트랜스포메이션(Digital Transformation)은 모든 사고와 활동의 단위가 디지털화되는 것이다. 즉 비즈니스 프로세스 변화를 통해 비즈니스 모델이 창출되고, 더 나아가 비즈니스 생태계가 조성되는 것이다.

생산량이 늘면 평균비용은 줄어드는데 이를 경제학에서는 규모의 경제라 한다. 기술이 발달하며 대량 생산과 매스 마케팅이 가능해졌고, 전통 기업들도 규모 확대에 역량을 집중함에 따라 규모의 경제는 산업경제시대 발전의 성장 엔진이었다.

전통적으로 중시해 온 규모의 경제에 균열과 변화의 조짐이 보이면서 탈규모의 경제로 성장의 축이 이동하고 있다. 즉, IT 발전으로 자산을 빌려 쓸 수 있게 되고 빅데이터, 인공지능 기술 발달로 개개인의 니즈에 맞는 맞춤화(Customization)시장이 더 세분화되면서 탈규모의 경제로 무게 중심이 옮겨지고 있다.

이에 따라 규모경쟁보다는 속도경쟁이 더욱 더 박차를 가하는 동시에 고객 니즈의 민첩한 반영이 가치상승의 주요한 요인이 되고 있다.

가상세계와
현실세계가 만나다

제품 및 서비스가 디지털화됨에 따라, 다시 말해 소유의 의미가 갈수록 약해짐에 따라 핵심가치가 시간, 공간, 경험 등으로 확장되고 있다.

2008년 스마트폰을 중심으로 한 O2O(Online to Offline) 플랫폼의 활성화는 시공간의 제약이 없는 연결 비즈니스를 가능하게 했으며, 2010년 인공지능의 실용화는 개개인의 니즈에 맞는 맞춤화 추천 비즈니스를 가능하게 했다. 이에 따라 개개인의 니즈에 맞는 맞춤화로 제품 및 서비스에 대한 밸류체인(value chain, 가치사슬)의 원스톱서비스가 가능해졌다.

O2O의 개념과 구성

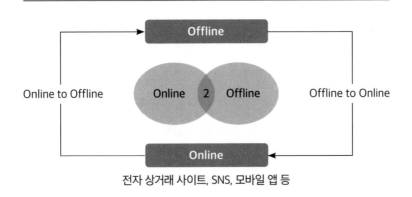

자료: 정보통신기술진흥센터

34

이러한 변화로 인해 콘텐츠 제품과 서비스를 소유하던 시대는 지나가고 매달 또는 매년 일정요금을 낸 후 인터넷을 통해 서비스에 접속해 영화, 드라마, 애니메이션, 음악, 게임, 소설 등 다양한 디지털 콘텐츠를 추가 요금 없이 즐길 수 있는 '구독의 시대'가 활성화되고 있다. 이러한 구독기반 비즈니스 모델은 기업이 정기적으로 재화나 서비스를 제공하고, 소비자는 일정 금액을 정기적으로 결제하는 구조이다.

제4차 산업혁명의 비즈니스 모델 혁신은 가상세계와 현실세계 결합에서 비롯된다. 이와 같이 가상세계와 현실세계를 접목시키기 위해서는 아날로그 정보를 디지털 데이터로 변환시키는 등 산업 및 서비스에 정보통신기술(ICT)을 활용하는 디지털 트랜스포메이션 (Digital Transformation)이 반드시 수반되어야 한다. 즉 디지털 트랜스포메이션은 모든 사고와 활동의 단위가 디지털화되는 것으로, 비즈니스 프로세스 변화를 통해 비즈니스 모델이 창출되고 더 나아가 비즈니스 생태계가 조성되는 것이다. 이러한 디지털 트랜스포메이션으로 인해 산업의 중심이 하드웨어에서 소프트웨어로 이동해가는 것이다.

증기기관이라는 기계화 혁명의 동력을 바탕으로 시작된 제1차 산업혁명은 전기 에너지 기반의 대량생산 혁명인 제2차 산업혁명을 거쳐 컴퓨터와 인터넷 기반의 지식정보 혁명인 제3차 산업혁명으로 이어졌다. 제4차 산업혁명에서는 인공지능이 비즈니스 모델 혁신을 촉진시킬 것이다. 인공지능은 데이터들을 분석하고 의미를 도출하는 지능화의 역할을 수행하게 된다. 즉 사물인터넷(IoT)의 확산으로 수집된 빅데이터는 인공지능 알고리즘을 통해 분석되고 가치가 창출된다.

이에 따라 새로운 생산 및 유통혁명이 일어나고 있는 가운데 제조산업의 새로운 트렌드로 '서비스화'가 떠오르고 있다.

제조업의
서비스화 촉진

과거 제조기업들의 경우 제품생산 및 공급 중심의 사업모델이었기 때문에 인적역량과 가격 경쟁력 등이 시장 경쟁우위로서 차별화되는 요인이었다. 그러나 제4차 산업혁명이 도래하면서 단순히 제품을 생산하고 공급하는 대량생산·대량소비 체제에서 소량생산·맞춤소비 체제로 변화되고 있을 뿐만 아니라 정보통신기술(ICT)을 기반으로 한 제조업의 영역이 확장되면서 타 산업과의 융합 및 새로운 영역 창출 등으로 제조업의 서비스화가 촉진되고 있다.

제조업의 서비스화는 사물인터넷, 빅데이터, 인공지능, 클라우드 등의 기술들을 기반으로 제조와 서비스, 소비자를 연결하는 플랫폼을 구축하고 이를 토대로 새로운 생태계를 생성하는 것이다. 글로벌 기업들은 기존 제품과 서비스가 결합된 형태 외에도 그동안 존재하지 않았던 새로운 서비스를 창출하며 제4차 산업혁명 시대에 경쟁력을 더욱 강화하는 중이다.

특히 이전과는 다른 수요에 새로운 부가가치 서비스를 제공함으

제4차 산업혁명 비즈니스 모델

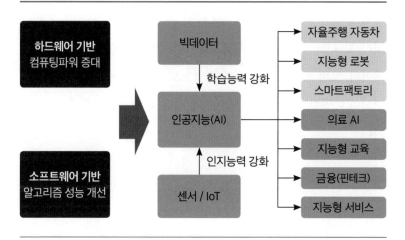

자료: 과학기술정보통신부

로써 새로운 시장을 형성하고 경쟁우위를 확보해, 제품 제조자의 위치에서 서비스 제공자의 위치로 전환하면서 새로운 비즈니스 모델을 개발했다. 이렇듯 신규시장에서 수익을 창출하는 형태로 변화되고 있는 것이다.

대표적으로 자동차를 예로 들 수 있다. 자동차는 팔아야 할 제품에 그치지 않고 모빌리티(Mobility) 서비스를 제공할 수 있는 수단으로 개념이 확장되어 가고 있다. 전통적으로 자동차를 만들어 팔기만 하는 것에서 벗어나 자동차와 이용자, 주행환경이 생산하는 빅데이터를 수집하고 이를 활용할 수 있는 사용자 경험 기반의 새로운 비즈니스 모델 등이 제시되고 있다. 이에 따라 모든 교통수단을 하나의 통합된 서비스로 제공하는 MaaS(Mobility as a Service)가 등장하고 있다.

모빌리티(Mobility)의 본질은 '생활의 연결'인데, 이런 모빌리티가 소유에서 공유로, 고정된 장소에서 내 집 문 앞으로, 정해진 시간에서 필요한 시간으로 변하고 있다. 여기에 자동결제 시스템, 지도데이터, 모바일, 인공지능 등의 결합으로 연결, 공유, 다양성 등이 실현되며 다양한 영역에서 스마트 모빌리티 세상이 펼쳐질 수 있을 것이다.

베이비부머세대, X세대, 밀레니얼세대, Z세대로 시장이 세분화된다

오늘날 소비 시장에서는 베이비부머세대, X세대, 밀레니얼세대, Z세대 등 다양한 세대가 공존함에 따라 소비자 시장이 점점 더 세분화되고 있다. 특히 밀레니얼세대가 새로운 트렌드를 만들어 가고 있을 뿐만 아니라 산업의 판도를 바꿔놓고 있다.

제4차 산업혁명에서 비즈니스의 패러다임은 제조업 중심에서 서비스업 중심으로 바뀌고 있다. 무엇보다 과거에는 고객이 제품 자체의 속성을 중시했지만 오늘날에는 각기 처한 상황에 따라 제품의 효용을 증대해 얻을 수 있는 다양한 경험을 원하고 있다. 제품의 생산보다는 생산된 제품을 잘 이용하는 것이 중요하므로 이는 곧 시장의 주도권이 생산자나 공급자에서 소비자나 이용자에게로 넘어간다는 것을 의미한다.

그동안은 생산자가 제품이나 서비스의 기능과 품질뿐만 아니라 가격이나 유행까지 결정했지만 향후에는 비즈니스와 관련된 모든 결정이 생산자가 아닌 소비자에 의해 이루어질 것이다. 이에 따라 각각의 세대에 맞는 소비자 파악이 무엇보다 중요시되고 있다.

다양한 세대가
공존하는 시대

기대수명이 연장되면서 인류 역사상 처음으로 다양한 세대가 공존하며 살아가고 있다. 전후 경제성장 황금기를 경험했던 베이비부머세대(1950년대 초반~1960년대 후반 출생)와 더불어 X세대(1970년대 초반~1980년 출생) 및 급격한 기술발전의 시대에 태어난 밀레니얼세대(1980년대 초반~1990년대 중반 출생), Z세대(1990년대 중반~2000년대 중반 출생) 등이다.

먼저 베이비부머세대는 제2차 세계대전 종전 후 출생률이 급격히 상승했던 시기에 태어난 이들이며, 전 세계적으로는 이전 세대와 달리 성(性) 해방과 반전(反戰)운동, 히피 문화, 록 음악 등 다양한 사회·문화운동을 주도했다. 우리나라의 경우 베이비부머는 제조업 중심의 경제가 성장했던 1980년대부터 노동시장에 들어와 현재까지 한국 사회의 주연으로 활동하고 있다. 또한 이들은 1980년대에는 학생운동, 민주화 투쟁에 앞장섰던 세대로 조직적 학생운동을 했던 경험이 있어 집단주의 문화에 익숙하다.

X세대는 1970~1980년에 태어난 이들이다. 당시 X는 '정의할 수 없음'을 의미했다. X세대는 주위의 눈치를 보지 않는 개성파였으며, 경제적 풍요 속에 성장했던 사람들이었기에 경제적으로 원하는 것은 무엇이든 얻을 수 있었다. 삐삐와 워크맨을 사용하면서 대중문화의 주역으로 떠오른 세대이자, 물질적 풍요 속에서 개인주의를 탄생시킨 신세대였다. X세대는 윗세대들이 대학 졸업과 동시에 탄탄

대로의 성공 가도를 누린 것과 달리 졸업과 동시에 IMF 경제위기와 국제금융위기로 취업이 힘들어진 첫 세대다.

밀레니얼세대는 1981년부터 1996년 사이에 태어난, 베이비부머세대의 자녀 세대이다. 'X세대 다음 세대'란 이유로 Y세대로 불리기도 한다. 대학 진학률이 높고, 소셜네트워크서비스(SNS)를 능숙하게 사용하며, 자기표현 욕구가 강하다. 따라서 집단보다 개인을, 소유보다 공유를, 상품보다 경험을, 대면 인간관계보다 소셜네트워크서비스를 통한 비대면 수평적 인간관계 등을 추구한다. 무엇보다 현재 소비와 문화의 중심이 된 밀레니얼세대가 새로운 트렌드를 만들어 가고 있을 뿐만 아니라 산업의 판도를 바꿔놓고 있다.

초개인화에
초점을 맞춰야 한다

이러한 밀레니얼세대에 이어 다가온 세대는 Z세대로, X세대의 자녀 세대이다. Z라는 글자에 특별한 의미가 있는 것은 아니고, 단순히 X세대와 Y세대(밀레니얼세대)의 다음 세대라는 뜻에서 그런 이름이 붙여졌다.

밀레니얼세대는 아날로그에 대한 향수나 경험을 간직하고 있는 세대지만 Z세대는 아날로그에 대한 경험이 없는 유일한 세대로서 태어나면서부터 인터넷, 스마트폰 등의 디지털을 접했고 함께 성장했다. 이들은 누가 알려주지 않아도 자연스럽게 디지털을 체득할 수 있었을 뿐만 아니라 원하는 플랫폼에 들어가 원하는 정보를 선택해서 볼 수 있었다.

Z세대는 뉴스를 비롯한 각종 정보도 기존의 TV, 신문, 잡지 같은 플랫폼에서 얻기보다는 소셜네트워크서비스를 통해 접할 뿐만 아니라 정보를 검색할 때 유튜브를 더 선호하는 경향이 있다. 각자의 의견을 개진하는 것을 중요시하기 때문에 뉴스를 볼 때 뉴스 자체보다 댓글을 통해 다른 사람들과 소통하는 것에 더 관심이 높다. 집단보다 개인을, 소유보다 공유를, 상품보다 경험을, 직접적인 대면보다 SNS를 통한 비대면의 수평적 인간관계를 추구한다는 점에서 밀레니얼세대와 지향점은 비슷하지만 Z세대가 훨씬 더 두드러지는 경향이 있다.

오늘날 베이비부머세대, X세대, 밀레니얼세대, Z세대 등 다양한 세대가 공존함에 따라 소비자 시장이 점점 더 세분화되고 있다. 따라서 소비자 시장을 세분화해 특정 세그먼트(Segment)를 타깃팅해야 할 뿐만 아니라 초개인화(Hyperpersonalization)에 초점을 맞추어야 한다.

인류의 대변혁마다 어김없이 전쟁과 전염병이 있었다

인류의 역사 발전 단계에 있어서 대변혁은 항상 인구의 극단적인 감소나 폭발적인 증가에 기인했다. 인류는 전쟁과 전염병과의 싸움으로 인해 대폭적인 인구수의 감소세를 보이면서도 문명의 발전을 통해 이를 극복하며 새로운 역사발전의 단계로 나아갔다.

인류의 역사 발전 단계에 있어서 대변혁은 항상 인구의 극단적인 감소나 폭발적인 증가에 기인했다.

1347년 아시아 내륙에서 돌던 흑사병이 킵차크 부대에 의해 유럽에 상륙하면서 전 유럽 인구의 3분의 1 내지 4분의 1이 사망했는데, 이는 인류역사상 가장 큰 재앙 중 하나였다. 흑사병으로 소작농이 급감하자 임금이 급등하며 영주와 농노 간의 충돌이 증가했다. 중소 영주들이 파산하는 사태가 잇따르면서 노쇠한 봉건제를 빠르게 붕괴시켰고 중세는 급격히 재편되었다.

이 과정에서 자유를 얻은 농노들이 자영농으로 바뀌기 시작하며 공업이 발전되기 시작했다. 이에 따라 시장이 커지고 다른 지역이나 나라와의 교역이 늘어나는 등 화폐경제가 구축되며 경제구조가 바꾸었고, 부르주아라는 신흥 계급이 등장했다. 이는 이탈리아에서 일어난 르네상스가 서유럽으로 확산되는 계기가 되었다.

전쟁과 전염병이 불러온 대변혁

고대 그리스·로마의 학문과 지식을 부흥시키기 위한 움직임을 통해 고전 학문의 가치에 대한 관심이 고조되었다. 그와 동시에 신대륙의 발견, 지동설의 등장, 봉건제의 몰락, 상업의 성장, 종이·인쇄술·항해술·화약 등 신기술의 발명이 이루어졌다.

이를 기반으로 16세기에 스페인 정복자들은 잉카제국을 멸망시키는 데 천연두를 비롯한 감염병 확산을 주요수단으로 활용했다. 천연두는 유럽에서 이미 여러 차례 유행했기에 스페인 군대는 내성을 갖고 있었지만 잉카인은 그렇지 않았다. 이에 따라 스페인 정복자들이 가져온 천연두 바이러스는 순식간에 내성이 없는 잉카인을 쓰러뜨렸다.

스페인 정복자들은 중남미에서 막대한 양의 금과 은을 빼앗아 유럽으로 가져갔다. 이는 화폐증가에 따른 물가상승을 가져오면서 상공업 발전을 촉진시켰고, 유럽인들에게 자본주의 발전의 좋은 기회가 되었다.

이러한 경제적 풍요는 정신의 고양을 가져와 계몽사상이 움트고 시민정신의 토대가 된다. 1789년 프랑스대혁명을 비롯한 시민혁명이 유럽 각지에서 일어나면서 중세에서 근대사회로 들어서게 되었다.

이어 18세기 영국에서 시작된 산업혁명을 통해 농업과 수공업 위주의 경제에서 공업과 기계를 사용하는 제조업 위주의 경제로 변화되면서 인류는 다시 한 번 전환점을 맞이하게 된다. 석탄, 전기와 같은 새로운 에너지원의 이용이 가능해지고, 내연기관과 같은 새로운 기계가 발명되면서 대량생산이 가능해졌다.

이러한 결과로 인해 국가의 에너지가 포화상태에 이르렀고, 더 많은 부를 얻기 위한 국가 간 충돌이 결국 제1차 세계대전(1914~1918년)을 일으켰다. 그 시기에 스페인독감(1918~1920년)이 창궐했다. 스페인독감은 1918년 초여름 프랑스 주둔 미군부대에서 처음 환자가 발생한 것으로 알려져 있으며, 제1차 세계대전에 참전했던 미군들이 귀환하면서 미국에까지 확산되었다. 이로 인해 2년 동안 전 세계에서 스페인독감으로 2,500만~5,000만 명이 사망했다.

전쟁과 전염병은
위기이자 기회

제1차 세계대전과 스페인독감은 대영제국을 쇠퇴시키고 미국을 신흥 경제대국으로 떠오르게 해 세계경제를 새롭게 재편했다. 제1차 세계대전 이전의 미국은 자본이 부족했기 때문에 영국이나 프랑스 등 유럽에서 돈을 빌려와 산업에 투자했기 때문에 세계에서 가장 채무가 많은 나라였다. 그러나 전쟁을 치르면서 이런 상황은 완전히 역전되었고, 미국은 세계 최대의 채권국으로 발돋움해 경제대국이 된 것이다.

이러한 전후처리 과정에서 세계경제는 각자도생의 길을 가게 되어 블록화 보호무역으로 나아갔고, 마침내 대공황에 이르게 된다. 또한 패권을 잃어가던 영국과 프랑스는 당장 막대한 채무를 해결하기 위해 패전국 독일에 과도한 배상금을 요구했다. 이에 배상금을 마련하고자 독일이 돈을 마구 찍어내면서 물가폭등 사태가 일어났으며, 이런 와중에 히틀러가 정권을 잡고 제2차 세계대전(1939~1945년)을 일으킨다

제2차 세계대전은 미국이 경제력과 군사력을 겸비한 초강대국으로 거듭나는 계기를 마련했다. 제2차 세계대전이 끝난 뒤 일상에 복귀한 미국의 군인들이 미뤄둔 결혼을 한꺼번에 하면서 일명 베이비붐세대가 태어나게 된다. 이들에게는 주택이 필요했고, 건설회사들은 도심을 떠나 교외의 저렴한 토지에 똑같은 설계의 집을 수백 또는 수천 채씩 만들어 거대한 개인 주택단지들을 공급하기 시작했다.

이러한 단독주택에 부모와 자녀로만 구성된 가정이 급격히 늘어났는데 이를 두고서 1949년 인류학자 조지 머독이 처음으로 '핵가족'이란 신조어를 만들어냈다. 이후 핵가족은 미국의 사회를 지탱하는 가장 기본적인 단위이자 건강한 가정의 상징으로 인식되어왔다.

남편들이 하루종일 직장에서 돈을 벌고 자녀들이 학교에서 공부하는 동안, 여성들은 새 시대의 가정주부로서의 역할을 수행하기 시작했다. 이에 따라 가정주부들은 집안 실내를 꾸미기 위해 백화점에

서 가구와 장식품을 사들이고, 보다 편리한 주방을 만들기 위해서 냉장고, 믹서, 자동식기 세척기, 세탁기 등 가전제품을 사들였다. 이러한 핵가족 문화의 소비재 소비현상은 전 세계로 퍼져나가 새로운 산업을 탄생시켰다.

이처럼 인류는 전쟁과 전염병과의 싸움으로 대폭적인 인구수의 감소세를 보이면서도 문명의 발전을 통해 이를 극복하면서 새로운 역사발전의 단계로 나아갔다. 전쟁과 전염병은 위기이자 기회인 것이다.

코로나19는 제4차 산업혁명을 가속시키는 게임 체인저

최근 수년간 제4차 산업혁명으로 디지털 트랜스포메이션의 흐름이 본격화되면서 비즈니스 모델의 혁신이 일어나고 있다. 이처럼 기술이 진보되는 환경 하에서 코로나19가 디지털화의 촉매제가 되고 있다.

2008년 금융위기 이후 세계경제는 저성장·저금리·저물가가 지속됨에 따라 이전까지는 비정상적으로 보였던 일들이 점차 표준이 되어갔다. 이러한 현상을 뉴노멀(New Normal, 시대변화에 따라 새롭게 떠오르는 기준)이라고 한다. 즉 저성장과 고위험이 공존하는 가운데 세계경제는 구조적 장기침체 국면에 접어든 것이다.

이러한 저성장을 탈피하기 위해 그동안 양적완화가 적극적으로 단행되었다. 또한 많은 기업과 정부기관이 정보통신기술(ICT)의 효율성 향상과 비용 절감에 초점을 맞추기 시작했다. 다른 한편으로는 정보통신기술(ICT)의 발달로 시·공간 제약이 없어지는 환경에서 인구 및 산업 측면의 구조적 변화가 진행되고 있다.

이런 뉴노멀은 제4차 산업혁명을 등장하게 만든 요인이기도 하다. 제4차 산업혁명은 제조업 중심의 산업구조에서 제조업이 정보통신기술(ICT)과 결합하는 산업구조로 전환하는 과정이다.

뉴노멀이
시대를 바꾼다

뉴노멀 시대에 코로나19 위기로 우리의 인식과 습관이 크게 달라졌고, 사회·경제적으로 구조적인 변화가 일어났다. 코로나19와 같은 전염병을 포함한 각종 위기는 새로운 기술과 비즈니스 모델 도입을 촉진시켰다. 가령 아시아 외환위기로 중국경제의 부상과 경제 글로벌화가 이뤄졌고, 인터넷 혁명으로 온라인이 새로운 산업으로 자리 잡았다. 또한 지난 2003년 사스 발병은 중국 소비자들이 온라인 쇼핑을 받아들이게 만들었고, 알리바바의 성장을 가속화시켰다.

코로나19 감염확산을 막기 위해 '사회적 거리두기' 등 우리 일상에서 많은 변화가 일어나고 있다. 이에 따라 일, 의사소통, 관계 등에서 새로운 방식 등이 등장하고 있다. 즉 온라인을 통한 소비, 재택근무, 비즈니스, 교육 등 비대면 인간관계가 전통적인 오프라인 인간관계를 대체하면서 이제는 일상화되고 있다.

이와 같이 사회·경제적 측면에서 비대면 기반의 언택트(Untact) 현상이 빠른 속도로 확산되고 있다. 언택트란 접촉을 의미하는 컨택트(contact)에 반대되는 의미인 접두어 언(un-)을 붙인 신조어로 '비접촉, 비대면'을 의미한다.

일상생활과 경제활동의
온라인화에 주목하자

쇼핑부터 일터, 교육, 의료 등 많은 서비스가 온라인으로 전환되고 있다. 이에 언택트 비즈니스가 떠오르고 있다.

우선 온라인 쇼핑과 택배 등 운송물류시스템이 활성화되고 있으며, 이용자의 요청에 따라 원하는 서비스를 제공하는 음식배달 서비스 같은 온디맨드(On-Demand) 플랫폼도 더욱 더 확장되고 있다.

여기에 재택근무가 보편화되면서 기업과 공공기관의 주요 의사결정이 온라인 화상회의를 통해 이루어지고, 데이터의 원격 접속과 공유가 활발해지면서 디지털 데이터산업의 수요가 급증하고 있다.

또한 5세대 이동통신이 인프라 기술로 확장되면서 증강현실(AR), 가상현실(VR), 동영상 등이 여러 비즈니스에서 활용되고 있다. 다양한 콘텐츠 서비스는 초개인화 기술이 적용되어 개인화된 플랫폼으로 진화되고 있다. 즉 집에서 증강현실(AR), 가상현실(VR) 등을 활용한 사이버 모델하우스와 부동산 매매, 가상여행 체험, 홈트레이닝, 홈엔터테인먼트 등이 가능해진 것이다.

다른 한편으로는 코로나19로 인해 그간 진행되지 못했던 미래의 계획이 현실로 앞당겨진 경우도 있다. 대학에서부터 초·중·고등학교까지 확대된 온라인 원격수업과 원격의료가 대표적인 사례이다.

이미 이전부터 사이버대학 등을 통해 온라인 강의를 시작했던 대학을 비롯해서 각급 학교는 미래교육 혁신의 일환으로 오프라인 수업을 보완하고 대체하기 위해 개발 중이던 프로그램들을 온라인

수업을 통해 빠르게 현장에 적용시키고 있다.

또한 원격의료는 그 필요성이 논의되고 전 세계적인 추세에도 불구하고 지난 2000년 시범사업을 시행한 이후 지금까지 의료계의 반발로 시행되지 못하고 있었다. 하지만 코로나19 확산에 따른 감염공포로 인해 원격진료가 한시적으로 허용되고 있다. 그동안 의료기술과 IT 기반을 갖추고도 원격의료를 시행하지 못했던 상황에서 코로나19로 인한 원격진료의 한시적 허용은 원격의료의 미래를 앞당긴 것으로 평가할 수 있다.

이처럼 코로나19로 인해 일상생활과 경제활동의 온라인화가 신속히 이루어지고 있다. 무엇보다 최근 수년간 제4차 산업혁명으로 디지털 트랜스포메이션의 흐름이 본격화되면서 비즈니스 모델의 혁신이 일어나고 있다. 이러한 언택트 라이프스타일 확산을 가능케 하는 기저에는 디지털 트랜스포메이션이 있다.

그동안 디지털 시대가 요구하는 시대적 변화 흐름에 소극적, 보수적으로 대응해온 기업들을 중심으로 디지털 트랜스포메이션을 활발하게 적용할 것으로 예상된다. 가령 기존 시스템을 클라우드 서비스에 연계시키는 수요가 폭발적으로 증가할 것으로 기대된다.

이와 같이 제4차 산업혁명으로 기술이 진보되는 환경 하에서 코로나19가 디지털화의 촉매제가 되고 있다. 코로나19가 제4차 산업혁명을 가속화시키는 게임 체인저가 된 것이다.

코로나19로 인한 각국 정부의 경제혁신 정책에 주목하자

루스벨트의 뉴딜정책을 참고해 각국 정부가 적극적인 정책대응을 해나가고 있다. 이러한 경제혁신 정책은 위기상황에서 금융시장을 안정시킬 수 있을 뿐만 아니라 이를 통해 기업 및 가계의 생존 가능성을 높이는 데 긍정적인 역할을 할 것이다.

현재 전 세계 각국이 경제위기 대응의 사례로 참고하고 있는 것이 있다. 그것은 바로 1930년대 대공황 시절에 미국 대통령 루스벨트가 벌인 뉴딜정책이다.

1929년 10월 미국 주식시장이 폭락하면서 대공황의 소용돌이로 빠져들게 되었다. 물가가 폭락하고 기업과 공장은 문을 닫았으며 은행들도 파산했다. 실업자들이 속출한 데 이어 농부들의 소득도 절반 이하로 줄어들었다. 이러한 대공황의 요인으로는 제1차 세계대전을 거치면서 생산 기술의 비약적인 발전으로 인해 과잉생산의 문제가 발생한 것을 들 수 있다.

뉴딜정책으로
불황을 돌파하다

당시 대공황 상황에서 1932년 미국 대통령 선거가 열렸는데, 공화당의 허버트 후버 후보는 점진적인 경기 회복을 선호했던 반면 민주당의 프랭클린 루스벨트 후보는 연방정부가 적극적으로 개입해 과감한 해결방법을 써야 한다는 뉴딜을 내세웠다. 그 결과 루스벨트가 대통령에 당선되었다.

루스벨트는 1933년 취임 직후 금본위제를 포기하고, 달러 가치를 평가절하하고, 빈민과 실업자들을 구제하는 정책 등 경제사회의 근간을 바꾸는 정책들을 본격적으로 추진했다.

특히 전국산업부흥법은 기업의 과잉생산과 과잉경쟁, 실업을 막기 위해 정부가 산업에 대한 통제를 강화한다는 내용이었다. 노동시간을 단축해 고용을 늘리고 임금을 인상해 노동자들의 구매력을 높이자는 취지였다. 이 과정에서 노동자의 단결권과 단체교섭권을 인정해줬다. 이와 함께 뉴딜정책은 노동관계법과 사회보장법을 통해 사회 안전망을 제공하는 복지 시스템 구축에 초점이 맞춰졌다.

가장 고무적인 정책으로 꼽히는 것은 공공사업진흥국이 지방 정부들과 연계해 다양한 시설 공사 등에 비숙련직 일자리를 창출하는 것이었다. 이와 같은 뉴딜정책으로 인해 국가의 역할에 중요한 변곡점을 맞게 되었다.

현대판 뉴딜이
경제를 일으킨다

한편 전 세계적으로 코로나19가 확산됨에 따라 각국은 이번 사태로 인한 사회·경제적인 피해를 최소화하기 위해 다양한 형태의 금융 및 재정정책을 빠른 속도로 마련해 시행하고 있다. 무엇보다 저소득층 지원과 경제 회복 등을 위한 재정정책이 시행되고 있다. 다른 한편으로는 코로나19 이후 새로운 수요 창출과 자국 경제의 지속적인 발전을 위한 기반을 다지기 위해 디지털 가속화, 그린 등에 재정을 투입하고 있다.

미국의 경우 코로나19 이후 여러 차례 경기부양책이 통과되었는데 소비부양, 실업대책, 중소기업 지원, 피해산업 지원 등이 주를 이루었다. 또한 미국은 자국우선주의 기조를 바탕으로 전통산업 육성과 관련 규제완화 등 제조업 강화에 정책적인 초점을 맞추고 있다. 즉 디지털화 선점을 위해 반도체 기술을 중심으로 중국과의 초격차 유지에 집중하고 있다. 다른 한편으로는 저탄소·친환경 경제 전환 가능성이 확대되고 있다.

중국은 코로나19 이후 산업경쟁력 제고를 위해 디지털과 그린으로 무장한 산업혁신 가속화를 강조하고 있다. 디지털 트랜스포메이션 실현을 위한 신형인프라 건설 프로젝트를 시행하고 신기술·신재생에너지를 접목한 산업의 융합발전을 적극 추진하고 있다.

EU는 2020년 7월 특별정상회의에서 1조 740억 유로 규모의 2021~2027년 다년간지출예산(MFF: Multiannual Financial

Framework)과 7,500억 유로 규모의 경제회복기금(NGEU: Next Generation EU)을 조성하기로 합의했다. 이러한 경기부양책에서는 유럽경제의 지속가능한 성장경로 회복을 위해 그린·디지털 경제 전환이 강조되면서 이와 관련된 투자가 확대될 것이다.

우리나라의 경우 코로나19로 인한 경기침체 극복과 글로벌 경제 선도를 위한 한국판 뉴딜을 추진하고 있다. 한국판 뉴딜은 경제 전반의 디지털 혁신과 역동성을 촉진하며 확산시키는 디지털뉴딜, 탄소중립을 지향하고 경제기반을 '저탄소·친환경'으로 전환하는 그린뉴딜, 실업불안을 줄이고 소득격차를 완화하는 등 고용·사회 안전망 확충으로 구성되어 있다.

다가올 3년, 돈 되는 주식은
3가지 혁신코드에서 나온다

다가올 3년 대전환시대에 주식시장에서 오히려 기회가 될 수 있는 그린, 디지털, 헬스케어 관련 주식에 주목해야 한다.

'서브프라임모기지 사태'라고도 불린 2008년 금융위기는 주택 버블이 터지고 주택담보대출을 기반으로 하는 금융상품에 대한 가격폭락과 대출회수 불능으로 대규모 투자은행들이 도산하면서 발생했다. 그 결과 코스피는 2008년 5월 16일 고점 1888.88p에서 리먼 브라더스 파산 다음 영업일인 9월 16일에는 1387.75p로 24.5% 떨어졌고, 10월 24일에는 938.75p까지 급락했다. 또한 코스닥은 5월 16일 고점 652.56p에서 리먼 브라더스 파산 다음 영업일인 9월 16일에는 429.29p으로 34.2% 떨어졌고, 10월 27일에는 261.19p 까지 급락했다.

이러한 금융위기 당시 미국정부는 공격적인 저금리 정책(2008년 12월 0.25%까지 인하, 2015년까지 0%의 기준금리를 유지)과 더불어 대

규모 재정지출 확대를 통해 경제회생을 도모했다. 오바마 대통령은 당선 직후 서명한 미국 경기회복 및 재투자법(American Recovery and Reinvestment Act)을 통해 그 당시 경기부양책으로 역사상 최고액인 7,870억 달러 규모의 자금을 지원했는데, 그 중 녹색산업 지원액이 941억 달러로 전체의 약 12%를 차지했다. 이는 오바마 대통령이 후보시절에 전임 부시 정부의 보수적이고 소극적인 기후변화 정책을 비판하고 기후변화에 대한 강력한 대응을 약속하면서 환경적으로 건전하고 지속가능한 발전(Environmentally Sound and Sustainable Development)을 전면에 내세운 그린뉴딜 논의를 공약으로 채택했기 때문이다.

오바마 정부의 그린뉴딜 정책은 화석연료에 대한 의존성을 극복하고 저탄소·친환경 경제로 전환하기 위해 에너지를 생산하는 방식, 에너지를 소비해서 사람과 물건을 수송하는 방식, 에너지를 소비하는 건물 구조, 새로운 경제체제에 적합한 지식과 기술을 갖춘 인적 자본에 대한 대규모 사회적 투자 등으로 구성되어 있었다. 이러한 오바마 정부의 그린뉴딜 정책으로 말미암아 2008년 금융위기 이후 대규모 재정투입에 기초해서 신재생에너지, 전기자동차, 건물에너지효율화 등 녹색산업을 육성하고 녹색일자리를 창출하는 성과를 이루어냈다.

우리나라의 경우에도 이명박 전 대통령이 2008년 광복절 경축사에서 '녹색성장'이란 단어를 강조하면서 본격적인 저탄소 녹색성장을 기반으로 한 환경산업 확대에 드라이브를 걸었다. 2009년 1월 이명박 정부는 앞으로 4년간 50조 원의 재정을 투입해 96만 명의 일자리를 만들고 친환경적인 성장을 하겠다는 녹색뉴딜 정책을 발표했다.

당시 이러한 금융 및 재정정책 등에 힘입어 주식시장은 바닥을 확인하고 상승했다. 2008년 11월 20일부터 2009년 5월 20일까지의 코스피 및 코스닥 수익률은 각각 54.3%, 106.0%를 기록했다. 특히 불확실성한 매크로 변수로 인해 안정적인 성장성을 보여줄 수 있는 온라인 게임업체들과 더불어 그린뉴딜 재정정책의 기대감 반영으로 태양광, 풍력, 전기차 등 녹색성장 관련주들의 상승이 크게 두드러졌다.

전 세계 그린뉴딜 정책 등으로
관련 시장 규모 커질 듯

2008년 금융위기 이후 세계경제의 저성장으로 인해 가계 및 기업의 부채가 늘어났다. 하지만 중앙은행의 금리인하로 이러한 부채증가의 부담을 경감해왔다.

2020년 들어 코로나19가 전 세계로 확산되면서 심각한 외생적 수요와 공급의 충격으로 실물경제가 위축되고 있다. 이러한 실물경제 위축이 회사채 등 금융시장으로 전파되어 금융위기로 나타날 수 있으며, 이것이 다시 경기침체로 이어지는 악순환에 빠질 가능성이 높아졌다.

이러한 상황으로 인해 2020년 3월 19일 미국을 비롯한 전 세계

증시가 일제히 폭락했다. 이는 곧 코로나19 사태로 인한 침체가 저금리로 그동안 쌓여온 부채의 뇌관을 자칫 건드릴 수 있다는 우려 때문이었다.

이에 현재 전 세계 각국은 이번 사태로 인한 사회·경제적 피해를 최소화하기 위해 노력하고 있다. 특히 다양한 형태의 금융·재정 정책을 빠른 속도로 마련해 시행하고 있다.

이러한 환경에서 세계 각국은 코로나19 극복과 더불어 저성장시대의 새로운 경기 부양책으로 그린뉴딜을 선택하고 정책수립에 돌입했다. 즉 에너지 전환사업 등 녹색산업에 대한 투자로 경제 활성화를 도모하고 있다.

2019년 12월 유럽연합(EU)은 유럽의 새로운 성장동력으로 그린딜(Green Deal) 전략을 채택했다. 2050년까지 EU 27개 회원국을 최초의 탄소중립 국가로 만들겠다는 것이 핵심이다. 탄소중립이란 대기 내 온실가스 제거·흡수량이 온실가스 배출량을 상쇄해 순배출이 0인 상태를 이른다. 또한 2020년 7월 유럽연합(EU) 정상들이 코로나19 대응을 위한 7,500억 유로 규모의 경제회복기금에 합의하면서 기금 지원조건에 '기후변화 대응'을 포함시켰다.

미국의 경우 2017년 도널드 트럼프 대통령이 파리기후변화협정을 탈퇴하는 등 그린뉴딜에 반대하면서 이와 관련된 많은 정책이 중단되거나 폐지되었다. 그러나 2020년 11월 미국 대통령 선거에서 조 바이든 민주당 후보가 트럼프를 제치고 당선되었으며, 대통령에 취임 이후 가장 먼저 하게 될 일은 파리기후변화 협약에 복귀하는 것이라고 밝혔다.

당시 바이든 후보는 향후 4년간 2조 달러 규모로 인프라에 투자하겠다고 공약했다. 주된 투자 대상은 교통망, 탄소 저배출 주거단지 등 친환경 인프라다. 신재생에너지 생산을 늘리고 전기차 보급 활성화를 위한 지원도 포함되었다. 또한 2050년까지 순 탄소배출량을 제로로 만들겠다는 목표도 내세웠다.

중국 역시 석탄 에너지로부터 탈피하는 노력을 하는 등 그린뉴딜 투자를 늘리고 있다. 중국 생태환경부에 따르면 중국정부는 2020년 환경 보호를 위한 예산을 전체 국내총생산(GDP)의 약 1.2%로 설정했다. 이는 녹색산업에 연간 약 1,300억 달러를 투자하겠다는 의미로, 2030년까지 연간 3,500억 달러로 증가시킬 예정이다.

문재인 정부의 경우도 2025년까지 그린뉴딜에 73조 4,000억 원을 투입하기로 하는 등 친환경·에너지 전환에 적극적으로 대응하고 있다. 도시·공간 등 생활환경을 녹색으로 전환하고 저탄소·분산형 에너지를 확산하며 혁신적 녹색산업 기반을 마련해 저탄소 산업생태계를 구축할 계획이다. 또한 문재인 대통령은 국회에서 열린 2021년 예산안 시정연설에서 2050년까지 탄소중립을 달성하겠다고 밝힌 바 있다.

이와 같이 전 세계 그린뉴딜 정책 등으로 향후 관련 시장 규모가 커질 것으로 예상된다. 이에 따라 관련 주식 등의 성장성이 부각될 전망이다.

디지털뉴딜 정책 등으로
비즈니스 모델이 창출되거나 재정립된다

코로나19 위기가 모든 생태계에 변화를 초래함에 따라 새로운 국면인 '코로나 뉴노멀'이 전개될 전망이다. 코로나 뉴노멀에서는 개인주의 성향과 디지털 기술을 통한 언택트 라이프 스타일이 가속화될 것이며, 건강과 안전에 대한 인식전환이 일어날 것이다. 이에 따라 비즈니스의 무게 중심이 온라인으로 옮겨지고, 언택트 서비스에 대한 선호가 두드러질 것이다. 이미 생필품 등의 전자상거래, 운송, 재택근무, 원격의료, 게임 및 미디어 등 새로운 소비 트렌드가 형성되고 있다.

또한 5G가 인프라 기술로 확장되면서 콘텐츠의 활용성 등이 높아질 뿐만 아니라 다양한 플랫폼으로 진화되고 있다. 무엇보다 디지털 트랜스포메이션의 흐름이 코로나19로 인해 더욱 가속화될 것으로 예상된다.

코로나19로 인한 변화들은 단기로 끝나는 것이 아니라 라이프스타일 변화로 앞으로도 지속될 것이다. 이와 같이 코로나19로 인한 비대면화의 확산 및 디지털 전환 가속화와 같은 경제사회 구조의 대전환은 디지털 역량의 중요성을 재확인하고 있다. 이에 따라 세계 주요국은 재정투자의 방향을 디지털 트랜스포메이션에 맞추고 있다.

문재인 정부의 경우도 2025년까지 디지털뉴딜에 58조 2,000억 원을 투입하기로 하는 등 디지털 분야에 적극 대응하고 있다. 정부에서 추진하고 있는 디지털뉴딜 정책은 데이터와 네트워크를 통한 디지털 트랜스포메이션화로, 비즈니스 모델 창출과 재정립 등이 이루어질 것이다. 디지털 트랜스포메이션은 데이터, 네트워크, 인공지능 등 디지털 신기술을 바탕으로 산업의 혁신을 견인하고, 국가경쟁력을 결정짓는 핵심요소로 자리매김할 것이다.

이와 같이 디지털뉴딜 정책 등으로 시장 규모가 커질 뿐만 아니라 비즈니스 모델 또한 창출되거나 재정립되면서 관련 주식의 성장성이 부각될 것이다.

코로나19가 헬스케어 시장의 성장을 촉발시킨다

스마트 헬스케어는 의료와 지능정보기술[사물인터넷(IoT), 빅데이터(BigData), 인공지능(AI), 클라우드(Cloud)]이 융합된 형태로, 의료 데이터를 기반으로 지능화된 서비스를 제공해서 환자의 개인별 건강상태를 실시간으로 모니터링 및 관리할 수 있게 한다. 이런 기반을 바탕으로 건강정보와 질병상태를 분석하면서 최적화된 맞춤형 의료서비스가 가능해진다.

코로나19로 인해 전 세계적으로 자유로운 이동이 제한됨에 따라 건강·의료서비스를 찾는 소비자들에게도 많은 변화가 찾아오면서 스마트 헬스케어 시장이 급부상하고 있다. 무엇보다 바이러스 감염 불안으로 병원에 방문하기를 기피하고 있기 때문에 직접 방문하지 않고도 기본적인 건강 체크나 의사와의 진료까지도 가능한 원격의료에 대해 전 세계적으로 높은 관심을 보이고 있다.

이러한 원격의료는 스마트 헬스케어의 극히 일부분으로, 스마트 헬스케어가 제대로 이뤄지려면 스마트 의료기기를 활용한 환자와 병원 간의 디지털 헬스케어 시스템이 구축되어야 한다. 웨어러블 기기, 삽입형 의료기기, 스마트폰 등을 통해 측정한 환자의 의료 데이터를 플랫폼으로 전송하고 이를 지역별·전국별로 모니터링하면 신종 감염병에 대한 신속한 대응이 가능하다.

궁극적으로 향후 의료 생태계는 디지털 기술을 바탕으로 의료 관련 여러 주체들이 소비자를 중심으로 포괄적인 서비스를 제공함으로써 다양한 가치를 창출할 것으로 예상된다.

또한 코로나19로 의약품 시장에서 200여 개의 약품이 동시에 개발되는 상황이 벌어지고 있다. 이러한 긴급상황에 의약품 원부자재 수요가 20~30% 이상 급격히 늘어나면서 공급차질이 발생하고 있다. 이에 따라 제약기업들은 CMO(위탁생산) 또는 CDMO(위탁개발생산)와 중장기적인 파트너십을 구축해 안정적이고 효율적인 공급망을 확보하는 데 주력하고 있다.

한편 전 세계적으로 전염성 질환이 증가함에 따라 면역력 증진에 도움을 줄 수 있는 원료가 첨가된 건강기능식품에 대한 관심이 높아지고 있다. 이에 매크로 변수와 무관하게 건강기능식품 시장의 안정적인 성장이 기대된다.

평균수명의 증가, 건강과 삶의 질에 대한 관심 증가로 헬스케어 시장이 성장하는 가운데 코로나19가 시장의 성장을 촉발시킬 것으

3가지 혁신코드(Green, Digital, Health care) 관련 주식

구분		종목
그린뉴딜	풍력	LS, SK디앤디, 동국S&C, 씨에스베어링, DMS
	수소	SK, 효성, 두산퓨얼셀, 에스퓨얼셀, 미코, 디케이락
	태양광	현대에너지솔루션
	스마트그리드	LS ELECTRIC
	모빌리티	코스모신소재, 켐트로닉스, 나라엠앤디, 대보마그네틱
	스마트팜	그린플러스
디지털 뉴딜	솔루션	삼성에스디에스, 현대오토에버, 포스코ICT, 롯데정보통신, HDC아이콘트롤스, 한컴MDS
	인프라	케이아이엔엑스, 더존비즈온, 웹케시, 기가레인
	보안	파이오링크
	하드웨어	엑시콘, 윌덱스, 싸이맥스, 인텍플러스
	AI	라온피플
	결제	NHN한국사이버결제, KG모빌리언스
	데이터	NICE평가정보
	콘텐츠	펄어비스, 스튜디오드래곤, 에이스토리, 미스터블루
	플랫폼	카카오, NAVER
	재택근무	알서포트
	신선식품	지어소프트
	오프라인제품	에코마케팅, 브랜드엑스코퍼레이션
	홈코노미	한샘
스마트 헬스케어	CMO	SK케미칼, 에스티팜, 삼성바이오로직스, 녹십자, 바이넥스, 동구바이오제약
	디지털의료서비스	오스템임플란트, 레이, 비트컴퓨터, 유비케어
	인프라	동아쏘시오홀딩스, 제이브이엠, 메디아나
	바이오	엔지켐생명과학, 테고사이언스
	건강기능식품	콜마비앤에이치, 서흥, 노바렉스, 코스맥스엔비티, 코스맥스비티아이
	의료용 로봇	고영

로 예상된다. 이에 따라 관련 주식의 성장성이 부각될 것이다.

결론적으로 그린뉴딜, 디지털뉴딜 정책 등이 전 세계적으로 추진됨에 따라 시장 규모가 향후 빠르게 성장하면서 관련 주식의 성장성이 부각될 수 있을 것이다. 또한 코로나19가 헬스케어 시장의 성장을 촉발시키면서 관련 주식의 상승을 이끌 것이다.

▌한국판 뉴딜정책으로 경제회복과 혁신성장을 노린다
▌그린뉴딜로 코로나19로 인한 경제 및 기후·환경 위기를 극복한다
▌수소경제 활성화로 연료전지 시장 규모가 커지고 있다
▌ESG 등을 고려한 사회책임투자 활성화로 그린뉴딜이 돋보인다
▌다가올 3년, 꼭 사야 할 그린뉴딜 관련 투자 유망주

───── 2부 ─────

첫 번째
혁신코드 '그린'

: 그린뉴딜과
ESG가 만나면
금상첨화!

Green·Digital·Health care

한국판 뉴딜정책으로
경제회복과 혁신성장을 노린다

한국판 뉴딜은 정부투자와 민간투자의 시너지 효과를 극대화하고 규제개혁 등의 제도개선을 통해 경제구조 고도화와 일자리 창출을 이끌어내고자 한다. 2025년까지 디지털뉴딜·그린뉴딜·안전망 강화를 축으로 분야별 투자와 일자리 창출이 이루어질 것이다.

신성장 동력을 마련하기 위한 정부정책들은 기업들의 성장을 위한 로드맵 역할을 해왔다. 특히 정권교체 시마다 신성장 동력이 바뀌어왔는데, 이는 그 정부만의 고유한 특색을 나타내려고 하는 의도뿐만 아니라 세계경제 환경과 정세의 변화 때문이다. 주식시장은 정부 주도 하의 미래 성장동력 가치에 대해서는 항상 높은 밸류에이션을 적용하면서 관련 종목들의 주가상승을 이끌었다.

1998년 취임한 김대중 정부는 IMF 위기를 극복하고자 강력한 구조조정을 실시했으며, 1999년에는 세계적으로 IT 붐이 일어남에 따라 벤처육성을 통해 창업의욕을 고취시켰다. 특히 과학기술 경쟁력 향상을 위한 장기비전 2025에서는 우선 사업으로 IT, BT, NT, ST(우주항공), ET(에너지), CT(문화기술) 등 6대 기술 분야를 선정했다.

이에 초고속정보망을 조기에 구축했으며, 벤처 활성화에 따른 다양한 기술을 기반으로 인터넷 사업자가 대거 등장해 서비스를 개시하면서 인터넷을 이용한 금융·주식·검색서비스가 출현했다. 또한 1999년 5월 코스닥 등록 기업의 세금감면, 등록요건 완화 등의 활성화 정책을 내놨다. 이에 따라 코스닥 시장 등이 크게 도약하면서 인터넷·정보통신 관련주들이 상승을 주도했다.

2003년 취임한 노무현 정부는 전임정부의 실책으로 불거진 신용카드 대란을 뒷수습했으며, 분배·복지를 확대하며 균형발전을 중시했다. 2003년 8월 국민소득 2만 달러 시대를 이끌 10대 차세대 성장동력산업으로 지능형 로봇, 미래형 자동차, 차세대 반도체, 디지털 TV·방송, 차세대 이동통신, 디스플레이, 지능형 홈네트워크, 디지털 콘텐츠·SW솔루션, 차세대 전지, 바이오 신약·장기를 선정했다.

다른 한편으로는 IT839전략을 수립해 인프라·서비스·신성장동력 사업 등을 추진함에 따라 인터넷사용자가 3,000만 명을, 전자상거래 규모는 300조 원을 돌파했다. 코스닥에서는 이런 10대 차세대 성장동력산업 및 IT839전략과 관련된 종목들이 상승을 이끌었다. 또한 벤처기업의 M&A 활성화는 코스닥 시장 활성화 정책으로 여겨지면서 코스닥 상승세에 힘이 실렸다.

2008년 취임한 이명박 정부는 미국발 금융위기 극복의 대안으로 저탄소 녹색성장 정책을 주도하면서 신성장동력 및 일자리 창출을 도모했다. 이에 따라 녹색성장 5개년 계획에서 3대 전략과 10대 정책방향[기후변화 적응 및 에너지 자립(효율적 온실가스 감축, 탈석유·에너지 자립 강화, 기후변화 적응역량 강화), 신성장동력 창출(녹색기술 개발 및 성장동력화, 산업의 녹색화 및 녹색산업 육성, 산업구조의 고도화, 녹색경제 기반조성), 삶의 질 개선과 국가위상 강화(녹색국토·교통의 조성, 생활의 녹색혁명, 세계적인 녹색성장 모범국가 구현)]을 추진했다.

이로 인해 태양광, 풍력, 바이오에너지 등 신재생에너지를 비롯해서 LED, 연료전지, 2차전지, 그린카 등의 녹색성장 정책과 관련된 종목들이 코스닥에서 주목을 받았다. 또한 통신과 방송 결합에 따른 기회 창출을 위해 인터넷전화·IPTV 등을 전략적으로 육성하기 위한 법과 제도 개선 등을 추진하면서, IT와 타 영역을 융합해 그린IT·건설IT·U시티 등의 새로운 돌파구를 찾고자 했다.

2013년 취임한 박근혜 정부는 일자리 중심의 창조경제 달성을 위해 스마트컨버전스 정책을 추진했다. 스마트컨버전스는 인프라가 고도화됨에 따라 ICT를 활용해 연관서비스를 동시에 발전시키는 동태적·입체적 개념으로, 플랫폼 비즈니스로의 환경변화를 촉진시키고 있다. 또한 창조성과 혁신을 향상시키는 중장기적 접근으로 단순한 컨버전스형 패러다임을 넘어서는 새로운 스마트컨버전스형 산업 생태계 형성에 주력해 경제성장률과 고용률을 동시에 증가시킬 수 있는 경제 운영방식으로의 변화를 추구했다.

이에 대한 실천방안으로 9대 전략산업(지능형 로봇, 스마트카, 웨어러블 스마트기기, 재난안전관리 스마트시스템, 맞춤형 웰니스 케어, 5세대 이동통신, 해양플랜트, 실감형 콘텐츠, 신재생 에너지 하이브리드 시스템) 및 4대 기반산업(지능형 반도체, 미래 융복합 소재, 지능형 사물인터넷, 빅데이터)인 13대 미래성장동력을 선정했다. 따라서 정보통신기술(ICT)과 바이오 등과 관련된 종목들이 주식시장에서 주목을 받았다.

한국판 뉴딜 _
디지털뉴딜, 그린뉴딜, 안전망 강화

한국판 뉴딜은 코로나19 사태로 인한 극심한 경제침체 극복과 구조적 대전환 대응이라는 이중 과제에 직면한 상황에서 그 필요성이 대두되었다. 여기에 코로나19가 장기화됨에 따라 비대면 수요의 급증으로 디지털 경제로의 전환이 가속화되었고, 저탄소 친환경 경제에 대한 요구가 증대되며, 경제사회 구조 대전환과 노동시장 재편 등의 변화가 일어난 것도 해당 정책이 대두되는 배경이 되었다.

이러한 한국판 뉴딜은 정부투자와 민간투자의 시너지 효과를 극대화하고 규제 개혁 등의 제도개선을 통해 경제구조 고도화와 일자리 창출을 이끌어내겠다는 의도를 지니고 있다. 이에 대해 문재인 정부가 2020년 7월 14일 한국판 뉴딜 종합계획을 확정·발표했다. 2025년까지 디지털뉴딜·그린뉴딜·안전망 강화 등 3가지를 축으로 분야별 투자와 일자리 창출이 이루어질 것이다.

코로나19를 계기로 온라인 소비, 원격근무 등 비대면화가 확산되고 디지털 전환이 가속화되는 등 경제사회 구조의 변화로 인해 디지털 역량의 중요성이 더욱 높아졌으며, 비대면 비즈니스가 유망 산업으로 부각되고 있다. 이러한 환경에서 디지털뉴딜은 전 산업의 디지털 혁신을 위해 DNA(Data·Network·AI) 생태계를 강화하고, 교육 인프라의 디지털 전환, 비대면 산업 육성, 교통·수자원·도시·물류 등 기반시설의 디지털화를 추진한다. 즉 5G 인프라를 조기에 구축하고 데이터를 수집·축적·활용하는 데이터 인프라 구축을 국가적 사업으로 추진하며, 의료·교육·유통 등 비대면 산업을 집중 육성하겠다는 것이다. 이와 더불어 도시와 산단, 도로와 교통망, 노후 SOC 등 국가 기반시설에 인공지능과 디지털 기술을 결합해 스마트화하는 대규모 일자리 창출사업도 적극 전개할 예정이다.

무엇보다 코로나19를 계기로 기후변화 대응과 저탄소 사회로의 전환이 더욱 시급해졌다. 해외 주요국들이 글로벌 기후변화 대응, 에너지 안보, 친환경산업 육성 등의 차원에서 저탄소경제·사회로 이행중이지만 국내 온실가스 배출은 계속 증가하고, 탄소 중심의 산업 생태계가 유지되고 있다. 경제·사회 구조의 전환 필요성이 높아짐에 따라 정부는 '탄소중립(Net-zero)사회'를 지향점으로 하며 그린뉴딜을 추진한다. 그린뉴딜은 도시·공간 등 생활환경을 녹색으로 전환하고 저탄소·분산형 에너지를 확산하며 혁신적 녹색산업 기반을 마련해 저탄소 산업생태계를 구축한다.

또한 안전망 강화 측면에서는 코로나19로 인한 단기 고용충격 극복에 중점을 두는 것은 물론 미래 고용시장의 구조변화가 대두됨에 따른 것으로, 고용·사회안전망 강화와 인적자원에 대한 투자 확대 방향으로 추진된다.

한편 한국형 뉴딜 추진에는 2020년부터 2025년까지 5년간 총 160조 원이 투입된다. 정부가 추진하는 사업에 국비 114조 1,000억 원이 투입되고, 민간기업이 50조 원가량 투자사업을 추진하는 구조다. 이와 같은 재정·민간 투자 확대를 통해 일자리 190만 개가 창출될 것으로 기대하고 있다.

보통 뉴딜정책은 '구제(Relief), 부흥(Recovery), 개혁(Reform)'의

3R을 기본 속성으로 하며, 이러한 3R을 유기적으로 연결해 추진되어야 비로소 효과가 나타난다. 이러한 한국판 뉴딜에서 3R이 제대로 작동되어 경제회복과 혁신성장의 밑거름이 마련될 수 있기를 기대해 본다.

뉴딜 관련 기업에 투자하는 한국판 뉴딜펀드

2020년 9월 3일 개최된 제1차 한국판 뉴딜 전략회의에서 국민 참여형 뉴딜펀드 조성 및 뉴딜금융 지원 방안을 발표했다. 즉 정부에서는 한국판 뉴딜을 뒷받침하는 정부예산은 물론 연기금·정책금융기관, 민간의 참여로 20조 원 규모의 정책형 뉴딜펀드를 조성할 계획이다. 또한 세제혜택을 통해 민간의 참여를 유도하는 공모 뉴딜 인프라펀드와 개별 금융기관이 뉴딜 관련 기업에 투자하는 민간 뉴딜펀드를 만들도록 유도할 계획이다.

한국판 뉴딜펀드는 정부가 재정을 투입하는 정책형 뉴딜펀드(모자펀드 방식), 세제혜택으로 민간 참여를 유도하는 뉴딜 인프라펀드, 금융회사가 투자처를 개발해 조성하는 민간 뉴딜펀드 세 축으로 설계되었다.

정책형 뉴딜펀드는 정부와 정책금융기관의 출자를 통해 현재 벤처투자를 위해 마련된 모태펀드와 같은 형태의 모펀드를 조성하고, 여기에 국민이나 금융기관이 매칭 형태로 참여하는 자펀드를 결성하도록 유도할 계획이다. 이와 같은 정책형 뉴딜펀드에는 5년 동안 정부 출자 3조 원, 정책금융기관 출자 4조 원, 민간자금(민간 금융기관·국민) 13조 원 등 총 20조 원 규모로 만들겠다는 계획이다. 또한 민간이 참여하는 자펀드의 경우 정부와 정책금융이 조성한 모펀드가 후순위 출자를 맡아서 투자 리스크를 우선 부담하도록 할 계획이다.

투자대상의 경우 뉴딜 관련 기업(창업·벤처기업, 대·중소기업)과 더불어 뉴딜 프로젝트(뉴딜 관련 민자사업, 뉴딜 관련 프로젝트) 등이다. 이를 위해 투자 가이드라인을 마련하고, 자펀드 운용사 선정 시 가점을 부여하는 방식 등으로 민간 공모펀드 참여를 우대할 계획이다.

또한 뉴딜 인프라펀드의 경우 정책형 뉴딜펀드, 민간 자율의 인프라펀드 등을 활용해 조성하고 육성할 계획이다. 무엇보다 세제 및 재정지원을 통해 민간자금의 투자유인을 제공할 예정이다. 뉴딜 인프라펀드의 투자처로 디지털뉴딜의 경우 데이터센터, 스마트공동물류센터를 제시하고, 그린뉴딜의 경우 수소충전소, 육상·해상풍력 등 재생에너지 발전단지 등을 제시했다.

한편 금융기관이 스스로 뉴딜투자처를 발굴해 민간 뉴딜펀드를 만들 수 있도록 유도할 계획이다. 이러한 뉴딜 분야 민간투자 활성화를 위해 RE100, ESG 투자를 활성화하고, 데이터 활용 거버넌스 등 제도 개선도 병행할 예정이다.

무엇보다 뉴딜업종 내 상장기업 종목들을 추종하는 다양한 뉴딜지수를 개발해 활용할 뿐만 아니라 관련 ETF·인덱스펀드 등 뉴딜지수 연계 투자 상품 출시 등을 유도할 예정이다.

한국판 뉴딜의 구조

비전	- 선도국가로 도약하는 대한민국으로 대전환 - 추격형 경제에서 선도형 경제로, 탄소의존 경제에서 저탄소경제로, 불평등 사회에서 포용사회로 도약

2+1 정책 방향

디지털뉴딜 - 경제전반의 디지털 혁신 및 역동성 촉진·확산	산업, 기술, 융복합, 혁신 ↔	그린뉴딜 - 경제기반의 친환경· 저탄소 전환 가속화

사람투자 강화
일자리 창출 ↔　　　　　　↔ 사람투자 강화
일자리 창출

안전망 강화
- 사람 중심 포용국가 기반

재정투자 - 신 시장, 수요 창출 마중물	제도개선 - 민간의 혁신과 투자의 촉매제

추진 과제

10대 대표 과제

디지털뉴딜	디지털, 그린 융복합	그린뉴딜
1. 데이터댐 2. 지능형 정부 3. 스마트 의료 인프라	4. 그린 스마트 스쿨 5. 디지털 트윈 6. 국민안전 SOD 　　디지털화 7. 스마트 그린산단	8. 그린 리모델링 9. 그린 에너지 10. 친환경 미래 　　모빌리티

전체 28개 과제

디지털뉴딜(총 12개)		그린뉴딜(총 8개)
안전망 강화(총 8개)		

한국판 뉴딜이 추구하는 우리 경제, 사회의 미래 변화상

1. DNA(Data·Network·AI) 기반을 바탕으로 혁신과 역동성이 확산되는 디지털 중심지로서 글로벌 메가트렌드를 주도하는 '똑똑한 나라'
2. 탄소중립(Net-zero)을 향한 경제·사회의 녹색전환을 통해 사람, 환경 성장이 조화를 이루며 국제사회에 책임을 다하는 '그린선도 국가'
3. 튼튼한 고용사회 안전망과 사람에 대한 투자가 국민의 삶과 일자리를 지켜주고 실패와 좌절에서 다시 일으켜주는 '더 보호받고 더 따뜻한 나라'

자료: 관계부처 합동

한국판 뉴딜 분야별 세부과제 투자계획 및 일자리 효과(단위: 조 원, 만 개)

분야		과제	'20추 ~22	'20추 ~25	일자리
총계			49.0	114.1	190.1
합계			18.6	44.8	90.3
디지털 뉴딜	1. DNA 생태계 강화	소계	12.5	31.9	56.7
		1. 국민생활과 밀접한 분야 데이터 구축, 개방, 활용	3.1	6.4	29.5
		2. 1, 2, 3차 전산업으로 5G, AI 융합 확산	6.5	14.8	17.2
		3. 5G, AI 기반 지능형 정부	2.5	9.7	9.1
		4. K-사이버 방역체계 구축	0.4	1.0	0.9
	2. 교육 인프라 디지털 전환	소계	0.6	0.8	0.9
		5. 모든 초중고에 디지털 기반 교육 인프라 조성	0.3	0.3	0.4
		6. 전국 대학, 직업훈련기관 온라인 교육 강화	0.3	0.5	0.5
	3. 비대면 산업 육성	소계	1.1	2.1	13.4
		7. 스마트 의료 및 돌봄 인프라 구축	0.2	0.4	0.5
		8. 중소기업 원격근무 확산	0.6	0.7	0.9
		9. 소상공인 온라인 비즈니스 지원	0.3	1.0	12.0
	4. SOC 디지털화	소계	4.4	10	19.3
		10. 4대 분야 핵심 인프라 디지털 관리체계 구축	3.7	8.5	12.4
		11. 도시, 산단의 공간 디지털 혁신	0.6	1.2	1.4
		12. 스마트 물류체계 구축	0.1	0.3	5.5

그린 뉴딜		**합계**	19.6	42.7	65.9
	5. 도시, 공간, 생활 인프라 녹색 전환	소계	6.1	12.1	38.7
		13. 국민생활과 밀접한 공공시설 제로에너지화	2.6	6.2	24.3
		14. 국토, 해양, 도시의 녹색 생태계 회복	1.2	2.5	10.5
		15. 깨끗하고 안전한 물 관리체계 구축	2.3	3.4	3.9
	6. 저탄소, 분산형 에너지 확산	소계	10.3	24.3	20.9
		16. 에너지관리 효율화 지능형 스마트그리드 구축	1.1	2.0	2.0
		17. 신재생에너지 확산기반 구축 및 공정한 전환 지원	3.6	9.2	3.8
		18. 전기차, 수소차 등 그린 모빌리티 보급 확대	5.6	13.1	15.1
	7. 녹색산업 혁신 생태계 구축	소계	3.2	6.3	6.3
		19. 녹색 선도 유망기업 육성 및 저탄소, 녹색산단 조성	2.0	3.6	4.7
		20. R&D, 금융 등 녹색혁신 기반 조성	1.2	2.7	1.6
안전망 강화					
		합계	10.8	26.6	33.9
1. 고용 사회 안전망		소계	9.3	22.6	15.9
	21. 전국민 대상 고용안전망 구축		0.8	3.2	-
	22. 함께 잘 사는 포용적 사회안전망 강화		4.3	10.4	-
	23. 고용보험 사각지대 생활, 고용안정 지원		3.0	7.2	3.9
	24. 고용시장 신규진입 및 전환 지원		0.9	1.2	11.8
	25. 산업안전 및 근무환경 혁신		0.3	0.6	0.2
2. 사람 투자		소계	1.5	4	18
	26. 디지털, 그린 인재 양성		0.5	1.1	2.5*
	27. 미래적응형 직업훈련 체계로 개편		0.6	2.3	12.6*
	28. 농어촌, 취약계층의 디지털 접근성 강화		0.4	0.6	2.9

* 인재양성, 직업훈련 사업의 취업자수 추정치(훈련인원, 취업률)로 디지털 그린 일자리와 일부 중복 가능

자료: 관계부처 합동

뉴딜펀드 체계

기본 방향	1. 정책형 뉴딜펀드 + 뉴딜 인프라펀드 + 민간 뉴딜펀드 → 3가지 축		
	2. 민/관의 역할 분담		3. 국민과의 성과 공유

| 세부
추진
방향 | • (정부) 재정 통한 위험 부담,
세제지원, 애로해소 및 제도개선
• (민간) 자율적 상품 개발 | | • 사모재간접 공모펀드 등 공모 활성화
• 민간의 자율적 펀드 조성 유도
• 퇴직연금 연계 확대 |

세부 구조	1. 유형	정책형 뉴딜펀드	뉴딜 인프라펀드	민간 뉴딜펀드
	2. 조성방안	• 정보 등 출자 + 민간 자금 매칭	• 정책형 뉴딜펀드 자펀드 방식 + 민간 인프라펀드	• 민간의 자발적 투자처 발굴 및 펀드 결성
	3. 유인체계	• 재정을 통한 후순위 출자 *투자 위험 부담	• 세제지원 • 프로젝트 발굴	• 시장 여건 조성 *현장애로 해소 지 원 및 제도 개선
	4. 투자대상	• 뉴딜 프로젝트 + 뉴딜 관련 기업 *투자 가이드라인 마련	• 뉴딜 인프라사업	• 뉴딜 프로젝트 + 뉴딜 관련 기업
	5. 성과공유	• 사모재간접 공모 펀드 *민간 공모펀드가 정책형 뉴딜펀드 자펀드 결성에 참여 • [국민참여펀드] 조성	• 공모방식 확산 *공모인프라펀드에 한해 세제혜택 부여 • 퇴직연금 연계	• 수요 맞춤형 성 과 공유 *민간에서 고수익 또는 안정적 수익 창출이 가능한 펀드 자율 설계

자료: 관계부처 합동

그린뉴딜로 코로나19로 인한
경제 및 기후·환경 위기를 극복한다

그린뉴딜은 코로나19로 인한 경제 및 기후·환경 위기를 동시에 극복하기 위한 전략이다. 에너지 효율을 높이는 친환경 경제 및 산업구조로의 전환, 2050년 탄소제로 등 기후변화 대응, 공공시설을 환경친화적으로 바꾸는 그린 리모델링 등이 핵심이 될 것이다.

지난 2007년 미국의 토머스 프리드먼이 〈뉴욕타임즈〉 칼럼에서 과거 미국의 뉴딜정책에 착안해 "이른바 그린뉴딜을 통해 청정에너지 산업에 투자함으로써 경제를 부흥시켜야 한다"고 주장하면서 그린뉴딜이라는 용어가 처음 등장했다.

2009년 유엔환경계획(UNEP)은 경제회복, 빈곤해소, 이산화탄소 배출량 감축 및 생태계 보존을 위한 국별 정책과 글로벌 협력의 중요성을 강조하는 글로벌 그린뉴딜을 발표했다. 무엇보다 2015년 파리기후변화협약에서는 기존 교토의정서보다 약 190여 개국의 UN 회원국으로 확대 체결했을 뿐만 아니라 2020년부터 5년마다 목표를 수립해 제출하고, 2023년부터 5년마다 이행실적을 점검할 예정이다.

이에 대해 2019년 12월 EU집행위원회는 2050년 탄소중립을 목표로 에너지, 산업 및 순환경제, 건축, 수송, 친환경 농식품, 생물다양성 관련 정책을 제시한 유럽 그린딜(European Green Deal)을 발표했다. 이와 같은 정책을 선제적으로 이행해 기후변화 대응이 늦어질 경우 커질 수 있는 비용부담을 최소화하는 한편, 탄소중립 경제로의 전환을 신성장동력으로 삼고, 더 나아가 새로운 녹색경제체제에서 국제경쟁력 확보를 목표로 하고 있다. 즉 기후변화에 대응한 미래 글로벌 에너지 체제의 지향점을 제시했다.

이를 위해 구체적으로 EU는 2030년까지 1990년 대비 온실가스 배출 40% 감소(2050년까지 탄소 순배출량 제로), 신재생에너지 비중 32%로 확대, 에너지 효율 32.5% 개선, 승용차는 37.5%, 승합차는 31%, 트럭은 30%까지 이산화탄소 배출량 감소 등의 1차 목표를 정했다.

한편 미국의 경우 2021년 1월 바이든 당선자가 대통령에 취임함에 따라 공약으로 내세운 '2050년까지 미국 온실가스 배출량을 0으로 하는 탄소중립경제 달성'을 위한 행보가 빨라질 것으로 예상된다. 이에 따라 임기 중 차세대 환경 및 경제 융합정책에 1조 7,000억 달러를 투입해 100% 청정에너지 도입을 추진하는 등 탈탄소경제 구축을 위한 재정지원, 환경규제 등 새로운 정책과 제도도입을 본격화하면서 관련 기업과 지방정부의 투자도 확대될 것으로 전망된다.

그린뉴딜이
세상을 바꾼다

2020년 이후 파리기후협정의 이행이 본격화될 것으로 예상될 뿐만 아니라 코로나19로 인해 글로벌 경제가 타격을 입고 보건과 삶의 질에 관한 문제가 대두되면서 환경과 기후를 고려한 경제회복과 저탄소경제로의 전환이 시급해졌다.

이러한 환경에서 우리나라도 2020년 7월 코로나19로 인한 경기침체 극복과 글로벌 경제 선도를 위한 한국판 뉴딜정책의 주요 축으로 그린뉴딜을 제시했다.

그린뉴딜은 기본적으로 환경과 사람 중심의 지속가능한 발전을 추구한다. 현재 화석에너지 중심의 에너지 정책을 신재생에너지로 바꾸는 등 저탄소경제구조로 전환하면서 고용과 투자를 늘리는 정책이다. 즉 그린뉴딜은 코로나19로 인한 경제 및 기후·환경 위기를 동시에 극복하기 위한 전략이다.

이러한 그린뉴딜은 도시·공간·생활 인프라 녹색전환, 녹색산업 혁신 생태계 구축, 저탄소·분산형 에너지 확산 등을 3대 축으로 하여 추진된다. 즉 에너지 효율을 높이는 친환경 경제 및 산업구조로의 전환, 2050년 탄소제로 등 기후변화 대응, 공공시설을 환경친화적으로 바꾸는 그린 리모델링 등이 핵심이 될 것이다. 2025년까지 총 사업비 73조 4,000억 원(국비 42조 7,000억 원)을 투자해 녹색 인프라(국비 12조 1,000억 원), 신재생에너지(국비 24조 3,000억 원), 녹색산업 육성(국비 6조 3,000억 원) 등에 집중 투자할 계획이다.

이에 따라 태양광·풍력·수소 등 신재생에너지 확산 기반을 구축하는 동시에 친환경 차량·선박 확대 등 온실가스를 줄이는 사업들이 추진될 것이다. 이와 더불어 어린이집·보건소·공공임대주택 등 공공건축물을 친환경적으로 리모델링하고, 체육센터 등 생활 사회간접자본(SOC) 시설을 고효율에너지 시설로 전환할 것이다.

이와 같은 그린뉴딜 정책의 핵심에는 전기와 정보통신 기술 활용 전력망을 고도화해 고품질의 전력 서비스를 제공하는 것과 더불어 신재생에너지를 활용해 소비효율을 극대화하면서 환경 영향까지 고려하는 스마트그리드에 있다. 스마트그리드는 전력망에 정보통신기술(ICT)을 도입해 전력공급자와 소비자가 실시간으로 정보를 교환함으로써 에너지생산과 소비효율을 높이는 전력체계다. 에너지저장장치(ESS), 스마트계량기(AMI), 에너지관리시스템(EMS) 등이 스마트그리드의 큰 축을 맡고 있다.

또 다른 그린뉴딜 정책의 핵심은 분산형 전원을 확대하는 등 맞춤형 인프라를 구축하는 데 있다. 분산형 전원의 경우 지역 간 혹은 지역 내 송전망의 배전 시설을 간편화하고 효율성을 높이기 위해 신재생에너지와 같은 다양한 에너지원을 활용해 소규모로 발전하는 설비를 말한다. 이러한 분산전원은 화력·원자력 등 대규모 집중형 전원과 달리, 전력 소비가 있는 지역 근처에 분산해 배치하는 것이 가능하다.

이러한 분산전원을 통한 에너지 소비 효율향상은 스마트그리드 도입확대로 이어진다. 궁극적으로는 에너지 효율향상에 의해 에너지 낭비를 절감하고, 신재생에너지에 바탕을 둔 분산전원의 활성화를 통해 에너지의 해외 의존도를 낮추는 게 목적이다. 또한 발전설비에 들어가는 화석연료를 절감해 온실가스를 감축하는 효과도 있다.

우리나라는 2030년 '세계 5대 해상풍력 강국'이 목표

정부는 그린뉴딜 세부목표로 2030년 세계 5대 해상풍력 강국을 제시했다. 현재 3개단지 124MW 규모의 해상풍력을 2030년엔 100배 수준인 12GW까지 확대하는 추진방향을 세웠다.

해상풍력은 바다 위에 풍력발전기를 설치해 바람의 운동에너지를 이용해 전기를 얻는 발전 방식이다. 따라서 바다 밑에 지지체를 심어 해상풍력발전기를 고정하거나 바닥에 닻을 둬서 떠있게 하는 등 타워를 지지하는 구조물을 설치해야 한다. 해상풍력은 육상풍력에 비해 설비 비용이 비싸지만 입지 제약에서 자유롭고, 대형화하기도 상대적으로 용이한 데다 효율이 높다는 장점이 있다.

이에 따라 정부는 국내 기업들이 가격·기술경쟁력을 갖출 수 있도록 대규모 프로젝트 중심으로 초기 수요를 만들고 기술개발에 대한 투자를 계속해나갈 예정이다. 이렇듯 그린뉴딜 정책에는 대규모 해상풍력단지의 입지를 발굴하기 위한 13개 권역에 대한 타당성 조사와 전남 영광에 실증단지를 구축하는 등의 내용이 담겨있다. 2.4GW 규모의 서남해 해상풍력, 8GW의 전남 해상풍력, 2GW 울산 부유식 해상풍력이 주력 프로젝트가 될 것으로 전망된다.

한편 세계풍력에너지협의회에 따르면 세계 해상풍력 발전용량이 2019년 29.1GW에서 2030년 234GW까지 확대될 것으로 전망된다. 유럽은 그린뉴딜과 그린수소 확보를 위한 해상풍력 투자로 연간 설치량이 대폭 확대될 전망이다. 대만의 경우 2025년까지 230억 달러를 투자해 무려 20여 개에 이르는 해상풍력 프로젝트를 진행한다.

수소경제 활성화로
연료전지 시장 규모가 커지고 있다

현재 발전용 연료전지가 시장을 주도하고 있다면, 2025년에는 주택 및 건물용 연료전지가 부상할 것으로 예측된다. 또한 2030년 이후에는 수송용 시장이 주축으로 떠오를 것으로 예측된다.

지구 온난화 문제로 인해 기존의 화석연료에서 재생에너지 중심으로 에너지 패러다임이 변하고 있다. 특히 그 중에서도 수소(Hydrogen)는 환경문제를 최소화하고 고갈되는 화석연료를 보완하거나 대체할 수 있는 차세대 청정에너지원으로 부상하고 있는데, 이러한 수소를 주요 에너지원으로 사용하는 경제산업구조를 수소경제라고 말한다.

수소경제는 현재의 화석연료 중심의 에너지 시스템에서 벗어나 새로운 에너지원으로 수소를 활용하는 자동차, 선박, 열차, 기계 또는 전기, 열 생산 등을 늘리고 이를 위해 수소를 안정적으로 생산·저장·운송하는 데 필요한 모든 분야의 산업과 시장을 새롭게 만들어내는 경제 시스템이다.

무엇보다 이러한 수소경제의 활성화는 현재 추진중인 그린뉴딜의 핵심과제로 선정되었다. 이에 따라 그린 리모델링, 그린 에너지, 친환경모빌리티 등 3개 사업에 2025년까지 총 37조 원을 투자할 계획이며, 이로 인해 수소시장이 크게 확대될 것으로 예상된다.

또한 EU는 유럽 그린딜(European Green Deal)에서 제시한 2050년까지 탄소중립 달성을 목표로, 경제활성화와 에너지 전환의 핵심에너지원인 수소의 활용 확대를 위한 2020년 7월 유럽 수소전략(EU Hydrogen Strategy)을 발표했다. 이러한 전략은 중기적으로 그린수소 생산 설비를 확충하고, 저탄소 수소 활용에 대한 탄소배출을 감축하며, 수소시장을 형성하고, 장기적으로는 재생수소가 사용되는 산업범위를 확대할 계획이다.

문재인 정부도 지난 2019년 1월 수소경제 활성화 로드맵을 발표했다. 그간 높은 설치비와 연료비 등으로 시장화가 더뎠던 연료전지를 포함해 수소연관 산업 분야에서 적극적인 수요를 창출하고 보급을 확대함으로써 경제성을 확보하고 자생적 확산의 동력창출을 이루기 위해 구체화된 정책이다. 수송, 에너지 등 수소 활용 확대로 세계시장 점유율 1위 달성, 그레이수소에서 그린수소로 수소생산 패러다임 전환, 안정적이고 경제성 있는 수소 저장·운송 체계 확립, 수소산업 생태계 조성 및 전 주기 안전관리 체계 확립을 주요 추진 방향으로 제시했다.

우리나라의 이러한 수소정책은 수송산업(수소전기차)과 발전산업(연료전지)의 양축을 중심으로 이루어져 있다. 이에 따라 수소 활용을 수소차, 수소열차, 수소선박 등으로 확대하고 '경제적으로 안정적인 수소 생산·공급 시스템 조성'이라는 목표가 담겨 있다.

수소산업의 경우 수소에너지를 공급하는 공급 부문과 수소를 활용하는 수요 부문으로 구분된다. 공급 부문은 수소에너지를 생산하고 생산된 수소가 최종 구매자에 의해 활용되기 전까지의 과정이며, 저장·운송 등의 활동으로 정의된다. 이동 및 운반을 위해 필요한 저장용기 등 다양한 장치와 인프라를 포함한다.

수소는 생산방식에 따라 부생수소(석유화학 공정에서 발생되며, 인프라 투자가 따로 필요 없어 경제성이 높지만 외부로 공급 가능한 양이 제한적이라는 한계가 있음), 개질수소(천연가스와 수증기의 화학반응으로 생산되며 천연가스 공급이 원활하다면 대량생산이 가능하지만 이산화탄소를 발생시킴), 수전해수소(전기로 물을 분해해 얻으며, 친환경이어서 그린수소로 불리지만 현재의 기술로는 경제성이 낮아 기술개발 및 가격 경쟁력 확보가 필요)로 나뉘며, 현재 90% 이상을 차지하는 개질수소를 친환경적인 수전해수소로 전환하는 것이 향후 과제이다.

수요 부문은 수소를 연료로 활용하는 부문으로 수소자동차, 수소선박, 수소드론 등 수소모빌리티와 더불어 연료전지(건물용, 발전용, 산업용 등) 관련 산업이 중심이다.

이 중에서도 연료전지(Fuel Cell)는 수소에너지를 활용하기 위한 핵심 매개체이다. 연료전지는 연료가 산화하며 생성되는 화학에너지를 공기 중의 산소와 전기화학적인 방법으로 결합해 물과 전기, 그리고 열을 생산하는 직접발전 방식이다. 즉 2차전지 등 기존의 전지는 에너지 저장장치로서 저장한 화학물질을 소모하면서 전기를 공급하는 원리이지만, 연료전지의 경우 수소와 산소를 외부에서 공급받아 전기를 발생시키는 발전장치이다.

이처럼 연료전지는 직접발전 방식이기 때문에 에너지 변환효율이 높고 연소과정이 없어서 오염물질 발생이나 소음, 진동 등 공해 요인도 적다. 특히 발전용 연료전지는 도심에 위치하는 분산전원에서 대규모 전원으로도 활용이 가능하기 때문에 저공해, 고효율 측면에서 활용도가 높아질 것이다.

연료전지 발전시스템은 개질기(Reformer), 스택(Stack), 전력변환기(Inverter), 주변보조기기(BOP: Balance of Plant) 등으로 구성되어 있다. 개질기(Reformer)는 화석연료(천연가스, 메탄올, 석유 등)로부터 수소를 발생시키는 장치이며, 스택은 원하는 전기출력을 얻기 위해 단위전지를 수십 장, 수백 장 직렬로 쌓아올린 본체이다. 그리고 전력변환기(Inverter)는 연료전지에서 나오는 직류전기(DC)를 우리가 사용하는 교류(AC)로 변환시키는 장치이다.

전해질의 종류에 따라 연료전지의 타입이 결정된다. 현재 상용화된 연료전지 모델은 고분자전해질연료전지(PEMFC: Polymer Electrolyte Membrane Fuel Cell), 인산 연료전지(PAFC: Phosphoric Acid Fuel Cel), 용융탄산연료전지(MCFC: Molten Carbonate Fuel Cell), 고체산화물연료전지(SOFC: Solid Oxide Fuel Cell) 등이 있다. 각각의 형태에 따라 발전 용량과 작동 온도, 촉매 등이 다르기 때문에 용도에 맞게 사용된다.

광범위하게 적용되는
연료전지 활용도

가정용, 발전용, 수송용 연료전지의 상용화는 2008년부터 본격적으로 시작되었다. 가정용 연료전지는 일반 가정 등에 필요한 전력과 열 등의 에너지를 공급해 소규모 열병합발전으로 분류될 수 있다. 이와 같은 소규모 열병합 연료전지 발전방식에서는 열과 전기를 필요로 하는 수요자 요구에 직접 대응할 수 있으며, 송배전 설비 사용을 줄여 전력사용 비용을 줄일 수 있다. 이는 열과 전기를 필요로 하는 일정 수요지 근처에서는 수백 kW에서 수천 kW 정도 되는 연료전지를 설치해 열과 전기를 동시에 공급하는 분산형 전원으로 활용이 가능하다.

발전용 연료전지는 가정용 열병합발전, 상업용 등 다양한 목적으로 개발되고 있다. 특히 중대형 발전의 경우 다양한 연료의 사용가능성과 타 발전원과의 연계를 통해 전력변환 효율을 향상시킬 수 있기 때문에 고온 연료전지가 저온 연료전지에 비해 적용하기가 수월할 수 있다. 즉 발전용 연료전지는 인산염연료전지(PAFC)를 거쳐 현재 용융탄산염연료전지(MCFC) 시장이 급격히 성장하고 있는 양상이며, 향후 고체산화물연료전지(SOFC)의 보급이 확대될 것으로 예상된다.

수송용의 대표적인 적용 분야는 자동차이며, 기존 내연기관을 대체하는 연료전지자동차는 시동이 간편하고 성능이 높은 고분자전해질연료전지(PEMFC)가 적합하다고 알려져 있다. 수송용 연료전지 역시 고분자전해질연료전지(PEMFC)의 상용화를 거쳐 제3세대 연료전지인 고체산화물연료전지(SOFC)의 개발이 이루어질 것으로 전망된다.

휴대용으로 활용되는 연료전지는 간단하게 연료를 공급할 수 있는 직접메탄올연료전지(DMFC)가 적합하다고 평가받고 있다. 최근 휴대용 분야에서는 미세가공기술을 적용해 부피와 무게를 줄이는 기술이 개발되고 있기 때문에 향후 휴대폰 배터리 등에 광범위하게 적용될 수 있을 것으로 기대된다.

무엇보다 수소연료전지 기술을 기반으로 승용차 중심에서 상용차, 건설기기, 선박, 항공기 등으로 기술이 확대되고 있으며, 다양한 모빌리티에 관련 시스템을 전략적으로 활용하는 기술이 주목받고 있다.

연료전지 시장 규모 및 앞으로의 전망

연료전지 시장은 우리나라, 미국, 일본 등을 중심으로 초기 시장이 형성되는 단계이다. 일본의 시장조사기업인 후지경제에 따르면, 전 세계 연료전지 시장은 2017년 1,757억 엔, 2018년 2,184억 엔에서 연평균 29.7% 성장해 2030년 4조 9,275억 엔에 이를 것으로 전망된다. 현재 발전용 연료전지가 시장을 주도하고 있다면 2025년에는 주택 및 건물용 연료전지가 부상할 것으로 예측되며, 2030년 이후에는 수송용 시장이 주축으로 떠오를 것으로 예측된다.

무엇보다 최근 주요국들은 2025년 혹은 2030년 연료전지 보급 목표를 실현하기 위해 기술 지원을 추진함에 따라 에너지 다양화나 저탄소사회 실현을 위한 연료전지 시스템 보급이 가속화될 것으로 예상된다.

한편 TechNavio의 'Global Fuel Cell Market 2019-2023'에 따르면 2018년 기준 한국 시장은 세계 시장의 12~15% 수준이고, 2018년 이후 2023년까지 연평균 21~23% 성장할 것으로 전망된다. 이에 따라 국내 연료전지 시장을 추정하면, 2017년 2,126억 원, 2018년 2,611억원 규모이고, 2018년 이후 연평균 21.0% 성장해 2030년 2조 5,718억 원 규모로 성장할 것으로 전망된다. 이러한 시장 성장세는 보급 활성화를 위한 정부의 정책적 지원에 힘입은 것이다.

수소경제 활성화 로드맵 중 연료전지 관련 정책

수소경제 활성화 로드맵 중 발전용 연료전지와 관련된 정책으로는 발전용 연료전지의 보급을 위한 연료전지 전용 LNG 요금제의 신설, 일정기간 연료전지의 REC(신재생에너지 공급인증서) 가중치를 높게 유지함으로써 투자 불확실성 제거 등이 있다. 이에 따라 설치 규모를 2018년 기준 307.6MW에서 2022년 1.5GW 수준으로 약 5배

확대할 예정이다. 또한 2025년까지 발전단가를 중소형 LNG 발전과 대등한 수준으로 낮추고 중장기적으로는 설치비 65%, 발전단가 50% 수준으로 낮출 예정이다. 2040년에는 수출 및 내수 물량을 합해 15GW 이상으로 확대할 계획이다.

가정·건물용 연료전지의 확산을 위해 정부 보급사업 예산의 단계적 확대, 전력 계통 부담을 완화하는 데 따른 보상으로 전기요금 특례제도 연장 등의 경제적 인센티브를 제공함과 더불어 신축 건물 연료전지 설치를 의무화하겠다고 밝혔다. 이에 따라 2018년 7MW 가량의 보급 규모를 2022년 50MW, 2040년 2.1GW 이상으로 확대할 계획이다. 특히 2040년의 2.1GW는 약 94만 가구에 보급할 수 있는 규모로, 친환경 분산전원 특성에 맞게 설치 장소와 사용 유형별로 다양한 모델을 개발해 목표 달성을 꾀할 계획이다.

한편 수소차 분야의 경우 2040년까지 수소차 620만 대(내수 290만 대, 수출 330만 대) 생산, 수소충전소 1,200개소를 구축할 계획이다. 2018년 수소충전소는 14개소가 있으며, 2022년 310개소로 확대해 1,200개소까지 점진적으로 확대한다는 계획이다.

수소 생산 분야에서는 수전해 및 해외 생산 수소 활용을 통해 그린수소 산유국으로 도약하는 것을 목표로 하고 있다. 구체적으로 수전해와 해외 생산·수입 등 그린수소 확대와 연계해 수소 생산량을 2018년 13만 톤에서 2040년까지 526만 톤으로 확대할 계획이다. 또한 대량의 수소를 경제적으로 공급하기 위해 수소유통체계를 구축하고, 수소 가격을 3,000원/kg 이하로 절감할 계획이다.

수소경제 활성화 로드맵 요약

구분			2018년		
활용	모빌리티	수소차	1.8천대(내수용 0.9천대)		
		승용차	1.8천대(내수용 0.9천대)		
		버스	2대		
		택시	-	<2019> 10대 시범사업	<2021> 주요 대도시 적용
		트럭	-		5톤 트럭 출시
		수소충전소	14개소 (1,000만원/kg)		
		선박, 열차, 드론, 기계 등		R&D 및 실증	
	에너지	연료전지			
		발전용	307MW	<2019> 전용 LNG 요금제 신설	
		가정·건물용	7MW		
		수소가스터빈		R&D	
수소공급		수소공급량	13만톤/년		
		생산방식	화석연료 기반 부생부소 추출수소	수요처 인근 대규모 생산	
		수소가격	-		

94

~2022 기준	2022년	중간 목표		2040년
	8.1만대(내수용 6.7만대)		<2030> 전 차종 생산라인 구축	620만대 (내수용 290만대)
< ~2022> 핵심부품 100% 국산화 연간 생산량 3.5만대	7.9만대(내수용 6.5만대)	<2023> 전기차 가격 수준	<2025> 상업적 양산 (연간 10만대 생산) 내연차 가격 수준	590만대 (내수용 275만대)
	2천대		80만km 이상 내구성 확보	6만대 (내수용 4만대)
	전국확대		50만km 이상 내구성 확보	12만대 (내수용 8만대)
	10톤 트럭		핵심부품 100% 국산화	12만대 (내수용 3만대)
	310개소		300만원/kg 핵심부품 100% 국산화	1,200개소
		2030년까지 상용화 및 수출		
<2022> 설치비 380만원/kW	1.5GW(내수용 1GW)	<2025> 중소형 가스터빈 발전단가 수준	<~2040> 설치비 35% 수준 발전단가 50% 수준	15GW(내수용 8GW)
설치비 1,700만원/kW	50MW		설치비 600만원/kW	2.1GW
		실증	2030년 이후 상용화 추진	
	47만톤/년			526만톤/년
	수전해 활용	수전해 수소의 대용량 장기 저장 기술 개발	해외수소 도입 대규모 수전해 플랜트 상용화	그린수소 활용(수전해+해외생산)
	6,000원/kg (現 휘발유의 50%)		4,000원/kg	3,000원/kg

자료: 관계부처 합동

ESG 등을 고려한 사회책임투자 활성화로 그린뉴딜이 돋보인다

코로나19 사태의 영향과 기후변화 대응에 대한 국제사회의 관심도가 높아지면서 기업의 재무적 지표 이외에 환경, 사회, 지배구조 등 사회적 책임과 지속가능성에 대한 중요도가 확대되고 있으며, 이런 요인들의 개선을 위한 자금조달 요구가 높아지고 있다.

자본주의 발달로 인해 사회에서 기업이 차지하는 비중이 증가함에 따라 기업의 존재 근거와 목적도 변화되고 있다. 과거에는 기업 자체만을 별도로 판단했다면, 최근에는 기업 역시 사회 시스템 속에서 다른 구성원과의 상호작용을 통해서만 존속·유지될 수 있기 때문에 지속적인 공존을 위한 책임의식이 강조되고 있다.

이에 따라 재화와 용역의 생산·공급을 통하여 얻은 이익으로 직원에게는 보수를 제공하고 주주에게는 이익을 배당하는 이윤추구조직을 넘어서, 이제는 직원, 고객, 사회 전체 등 모든 이해관계자에 대한 일정한 책임도 기업의 목표 속에 포함되어야 한다.

이렇듯 기업을 둘러싼 이해관계자가 다양해지면서 기업의 경영전략 패러다임은 ESG(환경, 사회, 지배구조) 등 비재무 영역을 포괄하며 확대되고 있다. 이에 따라 사회적 가치 이론은 주주의 이익을 우선하는 주주 중심주의에서 이해관계자들의 니즈를 충족하는 이해관계자 접근법으로 발전하고 있으며, 더 나아가 기업의 경제적·법적·윤리적 책임뿐만 아니라 사회적 가치를 실현하는 통합적 접근법으로 발전하고 있다.

무엇보다 밀레니얼세대와 Z세대는 사회적 가치에 대한 인식 수준이 매우 높아지고 있다. 이에 대해 글로벌 기업들은 환경과 사회 이슈를 고려한 제품 개발을 통해 자사의 지속가능경영 목표와 수익 창출 효과를 동시에 높이는 비즈니스 혁신을 실현하고 있을 뿐만 아니라 사회적 가치 기반의 지속적인 비즈니스 성장을 위해 구체적인 방향성을 제시하고 있다.

이에 대한 관점에서 2019년 8월에 미국 기업 CEO들을 대변하는 비즈니스라운드테이블(BRT)은 기업 목적을 기존 주주(shareholder) 이익 극대화에서 고객, 직원, 커뮤니티 등 모든 이해관계자(stakeholder)의 번영 극대화로 바꾸는 포용적 번영(inclusive prosperity)을 강조하는 성명을 발표했다. 즉 기업의 목적을 전통적인 밀턴 프리드먼의 주주 우선 자본주의 모델에 입각한 주주 이익 극대화에서 기업의 의사결정 시 직원, 고객, 사회 전체 등 모든 이해관계자를 고려함으로써 이해관계자에 대한 사회적 책임을 강화하겠다는 의도이다.

무엇보다 코로나19 사태의 영향과 기후변화 대응에 대한 국제사회의 관심도가 높아지면서 기업의 재무적 지표 이외에 환경, 사회, 지배구조 등 사회적 책임과 지속가능성에 대한 중요도가 확대되고 있으며, 그러다 보니 이런 요인들의 개선을 위한 자금조달 요구가 높아지고 있다.

사회책임투자는
ESG 요소들을 고려한 투자방식

사회책임투자(Social Responsible Investment)는 투자 자산의 의사결정(선택 및 운용)에 있어서 기업의 재무적 지표에 국한하지 않고 ESG(Environmental, Social, Governance) 요소들을 포괄적으로 고려해 기업의 사회적 책임(Corporate Social Responsibility)과 지속가능성(Sustainability)의 향상을 추구하는 투자방식을 의미한다.

또한 유럽 사회투자포럼(Eurosif)에서는 지속가능한 책임투자(Sustainable and Responsible Investment, SRI)를 투자 포트폴리오 구성을 위한 연구, 분석 및 선정 과정에서 ESG 요소들을 고려하는 장기 지향적 투자방식이라고 정의하고 있다. 즉 투자자들이 장기적인 수익을 더 얻을 수 있도록 기본분석(fundamental analysis)과 경영관여(engagement)를 ESG 요소들의 평가와 결합해 기업행위에 영향을 주어 사회의 유익을 증진시키는 것이다.

여기에서 경영관여는 공개적이고 공식적인 절차를 통한 주주행동으로 의사를 관철시키는 것과 더불어 경영진과의 비공개 대화와 같이 경영자와 기업에 영향을 주는 모든 활동을 포괄한 개념으로 볼 수 있다.

2006년 4월 제정된 유엔 책임투자원칙(United Nation's Principles of Responsible Investment, UN PRI)은 종래 NGO 중심의 사회운동 형태로 진행되어오던 사회책임투자가 주류적 투자기법으로 성장할 수 있는 계기가 되었다. 즉 최적의 장기투자 수익률을 구현하기 위한 목적으로 다양한 ESG 요소를 재무제표와 혼합해 투자분석에 반영하는 것을 권고함에 따라 세계 유수의 기업들과 유관기관들이 이러한 PRI에 가입해 원칙을 적극적으로 활용하고 있다.

기업의 사회적 책임을 비즈니스 모델에 내재화

사회적 가치는 사회, 경제, 환경, 문화 등 모든 영역에서 개인이 아닌 지속가능한 공공의 이익과 공동체 발전에 기여할 수 있는 가치를 의미한다.

이러한 사회적 가치에 기반을 둔 사회적 책임(SR, Social Responsibility)이라는 개념은 기업의 사회적 책임(CSR, Corporate Social Responsibility)에서 비롯되었다. 왜냐하면 기업에 대해 책임경영, 윤리경영, 준법경영 등을 표준화하고 구체화하는 과정에서 ISO 26000(국제표준화기구가 제정한 기업의 사회적 책임에 대한 국제표준)이 제정되었으며, 여기에서 기업을 포함한 모든 조직의 사회적 책임을 강조하면서 사회적 책임 개념이 확산되었기 때문이다.

1960년대 미국에서 기업의 사회적 책임이 등장할 당시 기업의 사회적 책임이란 이익을 올려 고용을 늘리고 임금을 더 지불하고 세금을 많이 내는 것으로 간주되었다. 이러한 기업의 사회적 책임은 마이클 포터와 마크 크레이머가 제시한 공유가치 창출(CSV, Creating Shared Value)로 진화했다. 공유가치 창출은 기업의 사회적 책임 역량이 기업 경영에 큰 영향을 주는 것에서 착안해 사회문제 해결을 기업의 본 사업과 연계해 장기적인 경쟁우위를 확보한다는 전략으로 사회문제를 해결하는 성장전략이다.

공유가치는 제품·서비스와 시장의 혁신, 밸류체인의 재구성, 상생적 기업생태계 구성 등으로 사회적 가치를 가격기구에 통합해 비즈니스에 내재화하는 것을 의미하며, 이렇게 창출한 사회적 가치를 전략적으로 활용해 기업이 새로운 경쟁우위를 확보하는 것이다. 이에 따라 기업의 사회적 책임이 기업 경영의 주요한 축으로 자리 잡기 시작했다.

이제 기업은 지속가능한 성장을 위해서 공유가치를 기업 비즈니스 모델에 내재화함으로써 사회적 가치를 창출해야 한다. 이에 따라 ESG 요소들이 경영활동 의사결정구조에서 중요한 이니셔티브가 되고, 이를 통한 중장기적인 시장 경쟁력 확보의 수단으로 가능하다는 점에서 경영전략을 수립할 때 중요하게 고려해야 하는 핵심 요소가 되어가고 있다.

무엇보다 ESG 관련 사회책임투자가 기업의 사회적 책임 성과를 투자 의사결정의 중요한 기준으로 삼고 있기 때문에 기업의 사회적 책임 활성화의 기반을 마련할 것이다.

지속가능발전목표(SDGs)로
비즈니스 모델 혁신

지난 2015년 193개 유엔 회원국 정상들이 모여 2016년부터 2030년까지 국제사회가 함께 달성해야 할 지속가능발전목표(SDGs, Sustainable Development Goals)를 공식 채택했다. 전 세계 정부, 기업, 시민사회 등 모든 이해관계자들의 폭넓은 논의를 거쳐 2030년까지 달성해야 할 17개 목표와 더불어 169개 세부목표를 수립했다. 이는 개도국뿐만 아니라 선진국 모두가 보편적으로 적용하고 추진해야 할 광범위한 발전 목표이며, 누구도 소외되지 않는 모두의 발전을 원칙으로 한다.

지속가능발전목표의 17개 목표까지는 사회발전·경제성장·환경보존이라는 3가지 축을 기반으로 하고 있다. 구체적인 내용은 다음과 같다.

17개 목표 중 목표 1부터 목표 6까지는 사회발전 영역의 목표로, 이 목표의 달성을 통해 빈곤퇴치 및 불평등을 해소하고 인간의 존엄성을 회복하고자 한다.

목표 8부터 목표 11까지는 경제성장을 달성하기 위한 목표이다. 무분별한 개발을 통한 경제규모의 성장을 의미하는 것이 아니라 모든 사람들이 양질의 일자리를 통해 적절한 수준의 생계를 유지할 수 있도록 포용적인 경제환경을 구축하고 지속가능한 성장 동력을 만드는 것을 목표로 하고 있다.

목표 7, 12, 13, 14, 15는 생태계를 보호하기 위한 목표이다. 현재 지구는 극심한 기후변화와 그로 인한 자연재해로 몸살을 앓고 있을 뿐만 아니라, 선진국에서의 대량생산·대량소비는 환경을 오염시키며 지구의 자원을 고갈시키고 있다. 이에 따라 환경을 보호하고 지속가능한 지구를 만들기 위한 목표가 여기에 포함되어 있다.

1번부터 15번까지의 목표가 지속가능한 발전을 위해 달성해야 하는 목표라면, 16번과 17번은 이 목표들을 달성하기 위한 조건과 방법을 담은 목표라고 할 수 있다. 16번은 정의롭고 평화로우며 효과적인 제도를 구축하는 것이며, 17번은 이 모든 목표를 달성하기 위해 전 지구적인 협력이 필요하다는 내용이다.

국제사회는 기업이 지속가능한 발전을 이루기 위해 주도적인 역할을 하도록 요구하고 있으며, 기업들이 제시하는 다양한 솔루션들은 사회적 문제해결 및 지속가능발전목표 달성의 중요한 열쇠가 되고 있다.

지속가능발전목표 이행의 대전제는 기업의 규모, 업종, 활동 국가나 지역에 상관없이, 모든 기업은 현재와 미래세대의 지속가능성을 저해하지 않도록 인권, 노동, 환경, 반부패와 관련된 법과 제도를 준수하며 국제기준들을 지지하고 이행해야 한다는 것이다. 무엇보다 기업들은 지속가능발전목표를 비즈니스와 연계하고 이행해나가면서 새로운 성장과 비즈니스 기회를 발견하고 법, 평판, 사업 리스크를 줄이는 한편, 이해관계자와의 커뮤니케이션에도 매우 유용한 툴로 사용해야 한다.

기업 내부적으로 효과적인 지속가능발전목표를 위해서 먼저, 기업의 밸류체인 전반에서 긍정적 영향을 극대화하는 영역과 부정적 영향을 최소화할 수 있는 영역을 산업별·지역별 특성에 맞게 파악해 기업이 중점을 두어야 할 지속가능발전목표의 우선순위를 정해야 한다.

지속가능발전위원회(BSDC)의 보고서에 따르면, 지속가능한 비즈니스 모델은 2030년까지 최소 12조 달러 가치에 준하는 경제적 기회와 3억 8천여 개의 일자리를 창출하며, 기업이 지속가능발전목표를 기업전략에 통합할 경우 경제 전반에서 8조 달러의 부가적인 가치가 발생할 것으로 예상하고 있다.

전 세계적으로 지속가능발전목표를 기업전략에 내재화하는 추세이다. 또한 연기금 및 투자자 의사결정에서도 기업의 지속가능발전목표 등을 고려하고 있다.

기업의 밸류체인에서 지속가능발전목표 수행을 통해 창출하는 사회적 가치는 수익증가, 비용감소 등의 경로로 기업가치 향상의 원천이 될 수 있다.

친환경적인 사회적 가치를 창출하는 비즈니스 모델의 경우 친환경적 소비를 하고 싶은 소비자들에게 경쟁우위의 요소로 작용하기 때문에 신규시장을 개척하거나 기존시장을 확대하는 데 도움이 되면서 매출이 증가해 기업가치를 증대시킬 수 있을 것이다.

비용 감소 측면에서는 자원의 재활용, 준법 리스크 관리 시스템이 불필요한 비용을 최소화시킬 수 있으며, 지속가능발전목표와 관련된 투명한 공시는 정보 비대칭 해소로 인한 자본조달비용을 감소시키면서 기업가치를 개선할 수 있을 것이다.

지속발전 가능한 17개 목표

지속발전 가능한 목표 SUSTAINABLE DEVELOPMENT GOALS	1. 빈곤퇴치	2. 기아종식
3. 건강과 웰빙	4. 양질의 교육	5. 성평등
6. 깨끗한 물과 위생	7. 모두를 위한 깨끗한 에너지	8. 양질의 일자리와 경제성장
9. 산업, 혁신, 사회기반 시설	10. 불평등 감소	11. 지속가능한 도시와 공동체
12. 지속가능한 생산과 소비	13. 기후변화와 대응	14. 해양 생태계 보존
15. 육상 생태계 보호	16. 정의, 평화, 효과적인 제도	17. 지구촌 협력

자료: KoFID, KOICA

밸류체인에 상응하는 SDGs 맵핑 예시

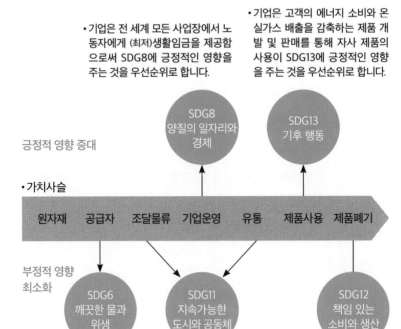

• 기업은 전 세계 모든 사업장에서 노동자에게 (최저)생활임금을 제공함으로써 SDG8에 긍정적인 영향을 주는 것을 우선순위로 합니다.

• 기업은 고객의 에너지 소비와 온실가스 배출을 감축하는 제품 개발 및 판매를 통해 자사 제품의 사용이 SDG13에 긍정적인 영향을 주는 것을 우선순위로 합니다.

긍정적 영향 증대

SDG8
양질의 일자리와 경제

SDG13
기후 행동

• 가치사슬

| 원자재 | 공급자 | 조달물류 | 기업운영 | 유통 | 제품사용 | 제품폐기 |

부정적 영향 최소화

SDG6
깨끗한 물과 위생

SDG11
지속가능한 도시와 공동체

SDG12
책임 있는 소비와 생산

• 기업은 물 부족 지역에서 물 소비를 줄이기 위해 공급자와 협력함으로써 공급망 내에서 SDG6에 미치는 부정적 영향을 감소할 것을 우선순위로 합니다.

• 기업은 운전자를 위해 도로 안전을 향상시킴으로써 조달 및 유통 물류에 있어서 SDG11에 미치는 부정적 영향을 감소할 것을 우선순위로 합니다.

• 기업은 제품의 재활용과 재순환을 개선함으로써 제품폐기에 있어 SDG12에 미치는 부정적 영향을 줄일 것을 우선순위로 합니다.

자료: SDG Compass 웹사이트

ESG 등을 기반한 투자증가가
그린뉴딜 활성화의 척도

이와 같이 지속가능발전목표(SDGs)가 ESG 기업경영의 중요한 핵심기준이 되고 있다. 즉 플라스틱·탄소 배출 저감, 친환경 소재 전환뿐만 아니라 친환경 신기술로 산업계와 소비자를 중심으로 친환경과 지속가능성이 대두되고 있다.

이러한 환경에서 코로나19와 글로벌 기후변화로 인한 경제위기를 통해 지속가능성에 기초한 국가경제의 전환과 성장동력 확보의 중요성이 부각되면서 단순한 자금조달이 아닌 ESG에 기반한 투자활동이 강화되고 있다.

일례로 2020년 초 세계 최대 자산운용사인 미국 블랙록의 최고경영자(CEO) 래리 핑크가 주요 글로벌 기업 최고경영자들에게 보낸 연례 편지에서 투자결정 시 지속가능성과 기후변화 리스크, 즉 ESG 요소를 기준으로 삼을 것을 밝혔다.

이에 따라 기업들의 경우 사회적 책임과 마케팅 수단으로 환경 이슈를 적극적으로 활용하고 있다. 즉 최대 유통업체인 월마트는 2040년까지 글로벌 네트워크 탄소중립을 선언했고, 통신사 AT&T는 2035년까지 자사소유 설비의 탄소배출 제로달성을 약속했다. 또한 나이키는 2025년까지 100% 신재생에너지를 사용하고, 2030년까지 글로벌 밸류체인의 탄소배출 30% 저감 목표를 정했다.

무엇보다 유럽연합(EU)은 2020년 상반기 중 유럽 그린딜 법안을 마련하고 오는 2023년부터 시행한다. 2050년까지 탄소순배출량 제로 달성을 위해 탄소국경세 부과, 내연기관 차량 판매 금지 등 다양한 규제에 나설 방침이다.

이에 유럽연합(EU) 등 주요국에서는 기업의 ESG 정보 공시제도를 도입함으로써 기업에 대한 지속가능성 관련 정보를 보다 체계적이고 투명하게 공개할 것을 요구하고 있다.

우리나라의 경우 관련 논의와 제도화는 비교적 초기 단계로 볼 수 있으나 EU와 국제사회의 관련 정책을 지속적으로 모니터링해 ESG를 고려한 투자와 관련 정보 공시를 확대해나갈 수 있도록 정책 환경을 조성할 필요가 있다.

향후 ESG 등 지속가능 자산으로 신규 자금이 대거 유입될 것으로 예상된다. 이러한 ESG를 기반으로 한 투자증가가 그린뉴딜 활성화의 척도가 될 뿐만 아니라 결국에는 경제의 지속가능성을 높여줄 것이다.

다가올 3년, 꼭 사야 할
그린뉴딜 관련 투자 유망주

풍력 - LS, SK디앤디, 동국S&C, 씨에스베어링, DMS

수소 - SK, 효성, 두산퓨얼셀, 에스퓨얼셀, 미코, 디케이락

태양광 - 현대에너지솔루션

스마트그리드 - LS ELECTRIC

모빌리티 - 켐트로닉스, 나라엠앤디, 대보마그네틱, 코스모

신소재

스마트팜 - 그린플러스

LS(006260)

- LS그룹의 지주회사
- 해저케이블과 동가격이 밸류상승을 이끈다

최근 유럽과 중동, 아시아 국가들을 중심으로 신재생 에너지를 확대함에 따라 해상풍력단지 건설이 늘어나면서 해저 케이블의 수요도 덩달아 증가하고 있다. 이는 해상 풍력발전소 등에서 생산한 전기를 육지로 보내야 하는데, 이 과정에서 해저 케이블이 반드시 필수이기 때문이다.

우리나라에서 초고압 해저 케이블을 생산하는 회사는 LS전선이 유일하며, 전 세계적으로 대상을 넓혀도 유럽과 일본의 5개 회사에 불과하다.

이러한 환경에서 LS의 주력 자회사인 LS전선의 경우 해저케이블 관련해 2019년 대만에서만 총 5,000억 원 규모의 수주를 받았으며, 2020년의 경우 역시 미국, 네덜란드, 바레인 등 북미, 유럽, 중동지역에서 3,000억 원 규모의 수주를 신규로 받았다.

무엇보다 세계 해상풍력 1위 기업인 덴마크 오스테드가 인천 연안에 아시아·태평양 지역에서 가장 큰 규모의 해상풍력단지 건설을 추진하는데, LS전선은 오스테드와 5년간 초고압 해저케이블 우선공급권 계약을 체결했다.

이러한 해상풍력발전단지의 개발이 해저 케이블 시장의 성장을 견인할 것으로 예상됨에 따라 LS전선의 수혜가 기대된다.

이와 같은 수주증가로 LS전선의 2019년 말 수주잔고가 1.90조 원에서 2020년 3분기 말에는 2.08조 원으로 늘어났으며, 무엇보다 그 동안 부진했던 해저케이블 사업의 수주 확대로 실적 턴어라운드가 본격화될 수 있을 것이다.

한편 최근 문재인 정부가 한국판 뉴딜정책의 일환으로 그린뉴딜 정책을 추진하기로 결정함에 따라 국내에서도 해상풍력단지 개발 사업에 속도가 붙을 것으로 예상되면서 LS전선의 수혜가 클 것으로 전망된다.

LS 대부분의 자회사들 실적의 경우 사업구조상 동가격과 매우 높은 상관관계를 가지고 있다. 동가격은 코로나19 공포감이 극에 달했던 2020년 3월 23일 톤당 4,625달러를 기록하며 연저점을 찍은 뒤 상승중에 있는데, 특히 2020년 11월 중순부터는 톤당 7,000달러를 돌파하면서 상승세가 유지되고 있다.

향후에도 친환경 인프라 투자확대 등으로 글로벌 경기가 회복되는 과정에서 동수요는 더욱 더 증가할 것으로 전망됨에 따라 동가격의 상승세는 지속될 수 있을 것이다. 이러한 동가격 상승이 LS의 실적 턴어라운드에 단초를 마련할 것이다.

SK디앤디(210980)

- 부동산 및 신재생에너지 디벨로퍼
- 풍력, 연료전지 등 신재생에너지 성장성 가시화

SK디앤디는 그린뉴딜에 발맞춰 풍력, 연료전지, 태양광, ESS 등으로 사업 포트폴리오를 확장하고 있다.

풍력 발전의 경우 사업지 개발부터 사업성 검토, 인허가, 시공 및 운영 등 발전 수익으로 이어지기까지 많은 시간이 소요되기 때문에 SK디앤디는 매년 1개 이상의 프로젝트 착공을 목표로 하고 있다. 현재까지 다수의 프로젝트를 병행 개발하고 있는데, 일부 지역에서는 계측 완료 후에 발전사업 및 개발행위 허가를 진행할 예정이다.

무엇보다 83MW 규모의 경북 군위 풍력 최종 인허가를 진행함에 따라 연내 착공에 들어갈 예정이다. 이 프로젝트가 진행되면 SK디앤디는 풍력 발전 총 설비용량을 167MW까지 확대하면서 국내 풍력시장 1위 민간 디벨로퍼가 되는 것이다. 육상 외에도 해상풍력 개발도 진행중에 있다.

또한 연료전지 발전사업의 경우 청주·음성·충주 프로젝트의 발전사업허가가 완료되었다. EPC 기준 7,400억 원 수준의 프로젝트를 수주했으며, 향후 4,950억 원 수준의 사업권 확보를 추진중에 있다.

한편 태양광 사업의 경우 국내 파트너사인 이도, 플라스포와 함께 특수목적법인 대호지 솔라파크를 세우고, 당진 대호지면 사성리·적서리 일원에 최대 300MW 규모의 태양광 발전소 건설을 추진중에 있다.

SK디앤디는 부동산을 비롯해 풍력, 연료전지, 태양광 등 신재생에너지를 개발부터 설계·조달·시공(EPC), 운영(O&M)까지 전 밸류체인을 아우르는 사업자로 거듭나면서 성장성이 가시화될 것이다.

동국S&C(100130)

- 풍력발전용 윈드타워 제조 전문기업
- 그린뉴딜의 바람이 불어오고 있다

동국S&C는 지난 2001년 동국산업의 철구 및 건설사업부가 물적분할되어 설립된 풍력발전용 윈드타워 제조 전문기업이다. 철골 구조물 제작사업에서 축적한 용접기술력을 바탕으로 풍력발전용 윈드타워 사업에 진출했다.

동국S&C는 GE, Vestas, Nordex-Acciona 등 풍력발전의 글로벌 플레이어를 주요 매출처로 확보하고 있으며, 수출의 90%는 미국지역이다.

또한 지난 2014년에는 가전제품 및 건축물 등의 내외장재로 사용되는 다양한 색상의 컬러강판 제조업체인 DK동신을 종속회사로 편입했다.

동국S&C의 주요 수출지역인 미국의 경우 2019년 한 해 동안 신규 설치된 육상 풍력발전 설비는 전년 대비 20% 증가한 총 9.1GW이다. 또한 세계 풍력발전 시장은 향후 5년간 연평균 4%의 성장률을 보일 것으로 전망되며, 2024년까지 매년 71GW가 신규 설치되어 355GW 이상이 추가될 것으로 예상된다.

특히 세계 해상풍력의 경우 2030년까지 5~6배로 확대될 전망인데, 이는 유럽의 지속적인 성장세와 더불어 중국을 비롯한 아시아의 설치용량이 대폭 확대될 것으로 예상되기 때문이다.

2020년의 경우 코로나19 영향 등으로 미국 수주가 지연되었다. 하지만 2021년에는 정상화되면서 매출성장이 가능할 것으로 예상된다.

한편 해상풍력의 경우에는 육상대비 높은 풍력에너지 밀도 및 균일한 분포로 높은 생산성을 실현하고 있다. 또한 풍력의 단점인 소음, 시계, 전파방해 등 거주환경 및 민원문제의 제한조건 해소에 대한 대안으로 해상풍력이 부상하고 있다. 이에 따라 문재인 정부는 해상풍력단지에 대한 민관합동투자를 제2의 조선산업으로 육성하고 글로벌 3대 해상강대국으로 도약하기 위한 국가전력사업으로 추진중이다.

이러한 정부정책 등으로 향후 국내 해상풍력 시장이 커질 것으로 예상됨에 따라 동국S&C의 수혜가 가능할 것이다.

씨에스베어링(297090)

· 풍력발전기 베어링 전문업체
· 글로벌 육상과 해상에서 바람이 분다

씨에스베어링은 지난 2007년 삼현엔지니어링으로 설립되어 2018년 씨에스윈드에 인수된 풍력발전기 베어링 전문업체이다. 주력제품으로는 블레이드와 로터를 연결하고 지지하는 역할을 하는 피치 베어링과 더불어 타워와 나셀을 연결 및 지지하는 부품인 요베어링 등이 있다.

씨에스베어링의 주요 매출처는 GE로 전체 매출액 중 97%의 비중을 차지하고 있다. 또한 GE 전체 베어링 수요의 40%를 씨에스베어링이 담당하고 있다. 2021년 바이든 정부가 본격적으로 친환경 정책을 펼치면 미국시장에서 GE의 높은 성장세가 예상됨에 따라 씨에스베어링의 수혜가 기대된다.

다른 한편으로는 매출처 확대가 가시화될 수 있을 것이다. 지멘스가메사의 경우 2019년 제품승인을 받았으며, 2020년부터 매출이 일부 발생함에 따라 해를 거듭할수록 관련 매출이 증가할 것으로 예상된다.

또한 글로벌 1위 업체인 베스타스에도 납품을 위한 절차가 진행 중이다. 이에 따라 향후 납품 등이 가시화될 수 있을 것이다.

한편 2019년 7월 베트남 법인을 설립한 뒤 총 5만m^2의 부지 위에 318억 원을 투자(2020년 62억 원 추가 투자), 연간 4,000pcs 규모의 증설을 완료해 2020년 5월부터 가동에 들어갔다. 경남 함안에 있는 국내 공장 생산량 7,500pcs를 합하면 전체 생산량이 11,500pcs에 이르게 된다. 또한 향후에도 단계적으로 생산능력을 확대할 것으로 예상된다.

특히 씨에스베어링의 베트남 기지는 최근 급성장중인 해상풍력용 베어링의 생산설비를 갖춰 해상풍력 시장 진출을 위한 전진기지로 활용할 예정이다.

2020년 실적의 경우 코로나19 사태의 영향으로 일시적으로 수주가 지연되었기 때문에 다소 부진할 것으로 예상된다. 그러나

2021년에는 GE 점유율이 상승하고 지멘스가메사의 매출이 본격화되면 매출성장이 가능할 것으로 예상된다.

무엇보다 글로벌 풍력시장이 성장하는 환경 하에서 씨에스베어링은 매출처 및 생산능력 확대로 해를 거듭할수록 매출성장이 가시화될 것이다.

DMS(068790)

- 세정 등 디스플레이 공정에 적용되는 장비를 제조 및 판매
- 풍력이 이끌고, 의료기기·OLED가 민다

한국전력과 DMS는 중형 풍력발전기를 공동 개발해 2020년 7월 실증 작업을 마쳤다. 이번에 개발된 200kW급 중형 풍력발전기는 10m/s의 낮은 풍속에서도 정격출력을 낼 수 있기 때문에 자가발전 중인 127개 도서 및 해안도로, 풍력발전단지에 설치될 예정이다. 국내에서 풍향조건 및 중형풍력발전기의 설치 가능한 입지를 고려했을 때 최소 2,000기까지 설치할 수 있을 것으로 예상된다. 이에 따라 향후 DMS의 중형 풍력발전기 매출이 가시화되면서 성장성이 부각될 수 있을 것이다.

DMS가 40.7%의 지분을 보유하고 있는 비올은 RF고주파 의료기기 전문업체로서 고주파를 피부 진피까지 깊숙이 침투시켜 피부를 개선시켜준다. 지난 2011년 피부응고 개선에 효과가 있는 스칼

렛(Scarlet)을 출시한 데 이어 2016년 펄스형 고주파 의료기기인 실펌(Sylfirm)을 시장에 선보였다.

무엇보다 비올이 스팩과의 합병을 통해서 2020년 11월 26일 코스닥 시장에 상장했기 때문에 향후 DMS의 지분가치 상승이 기대될 뿐만 아니라 비올의 실적 향상으로 DMS 수익성 개선에 기여할 것이다.

중국 디스플레이 업체들이 LCD에 이어 OLED 투자에 본격적으로 나서고 있다. 이러한 환경에서 DMS는 중국 현지에서 공장을 운영하고 있기 때문에 코로나19 사태에도 불구하고 원활하게 수주활동을 전개해나가고 있다.

2020년 중국에서의 신규수주 증가에 힘입어 2020년 상반기 말 기준의 수주잔고가 1,100억 원에 이르고 있다. 이와 같은 DMS의 수주증가는 매출상승으로 이어질 수 있기 때문에 2020년부터 실적 턴어라운드가 가시화될 수 있을 뿐만 아니라, 2021년에도 중국 OLED 투자로 인해 실적개선의 지속성을 한층 더 높여 나갈 수 있을 것이다.

SK(034730)

- SK그룹의 지주회사
- 수소 생태계 구축을 통해 향후 밸류상승을 도모

SK의 투자 포트폴리오는 에너지, ICT 영역의 안정적인 수익 기반을 바탕으로 바이오·제약, 반도체, 소재, 신에너지 등의 영역에서 새로운 성장동력을 축적해나가고 있다. 이러한 투자 포트폴리오 바탕 위에서 친환경 전환의 계기를 마련하기 위해 수소사업을 본격적으로 추진할 예정이다.

SK의 수소사업은 우선 그룹 인프라를 활용해 수소 대량생산체제를 구축하면서 국내 수소시장에 진출할 것이며, 수소생산－유통－공급에 이르는 밸류체인 통합운영을 통해 사업 안정성을 확보할 뿐만 아니라, 더 나아가 수소 핵심기술 확보를 위한 기술회사 투자 및 파트너십을 통해 글로벌 시장을 본격적으로 공략한다는 전략을 가지고 있다.

수소 대량생산체제 측면에서 SK의 자회사인 SK E&S를 중심으로 오는 2023년부터 연간 3만 톤 규모의 액화 수소 생산설비를 건설해, 수도권 지역에 액화 수소를 공급할 예정이다. 이를 위해 SK이노베이션에서 부생 수소를 공급받을 예정이다. 무엇보다 SK E&S가 대량확보한 천연가스를 활용해 2025년부터 25만 톤 규모의 블루 수소를 추가로 생산할 계획이다.

이러한 총 28만 톤 규모의 생산능력을 갖추고, SK에너지의 주유소와 화물운송 트럭 휴게소를 그린에너지 서비스 허브로 활용해 차량용으로 공급하는 한편, 연료전지 발전소 등 발전용 수요를 적극 개발할 계획이다.

한편 글로벌 수소사업 경쟁력을 조기에 확보하기 위해서 수소 관련 원천기술을 보유한 해외기업 투자는 물론 글로벌 파트너십을 체결할 예정이다. 이를 기반으로 중국, 베트남 등 아시아 시장 진출을 본격화한다는 방침이다. 이와 같이 SK는 국내 수소사업 본격추진과 글로벌 시장으로의 선제적 진출과 같은 수소 생태계 구축을 통해 향후 밸류상승을 도모할 것이다.

효성(004800)

- 효성그룹의 지주회사
- 수소 관련 성장성 가시화

효성은 섬유와 화학, 중공업 등 전통기반 산업 중심의 포트폴리오를 가지고 있으나, 향후 수소사업 등으로 친환경 에너지 시장 진출을 본격화할 것이다. 즉 효성의 주력 자회사인 효성중공업, 효성첨단소재 등 수소사업으로 포트폴리오를 확대중에 있다.

먼저 효성중공업의 경우 수소차 충전시스템을 최초로 국산화해 개발한 업체로, 현재 전국의 약 40%의 수소차 충전소를 건립했다. 정부의 수소경제 로드맵에는 오는 2030년까지 수소충전소 660기를 확충할 계획으로, 수소충전소 시장을 선점하고 있는 효성중공업의 수혜가 예상된다.

또한 독일 린데 그룹과 합작을 통해 울산 공장 내 부지에 3,000억 원을 투자해 세계 최대 규모의 액화 수소 공장을 2022년까지 완공할 계획이다. 이러한 액화 수소 공장은 효성화학 공장에서 생산되는 부생 수소에 린데의 액화기술과 설비를 적용, 연간 승용차 10만 대가 사용할 수 있는 수소를 생산할 예정이다. 이와 같이 생산된 액화수소는 차량, 드론, 선박, 지게차 등 다양한 모빌리티 분야에서 활용이 가능하다.

한편 철보다 10배 강하지만 무게는 4분의 1 수준인 탄소섬유는 수소차의 연료탱크를 제조하는 핵심소재다. 효성첨단소재는 국내 유일의 탄소섬유 제조업체로서 2028년까지 총 1조 원을 투자해 전주 탄소섬유 공장 규모를 늘려, 연간 탄소섬유를 2만 4,000t까지 생산할 계획이다.

이와 같이 효성중공업에서 수소 플랜트 건설과 수소 충전소 확충, 액화수소 공급, 효성첨단소재에서 수소 모빌리티 사업을 진행하면서 수소사업의 성장성이 가시화될 것으로 예상된다. 무엇보다 그린뉴딜 정책의 본격화로 자회사들의 수소사업 성장성이 가시화되면서 주가상승의 모멘텀으로 작용할 것이다.

두산퓨얼셀(336260)

- 발전용 연료전지 전문업체
- 수소 관련 정책 수혜

두산퓨얼셀은 두산이 2014년 인산형연료전지(PAFC) 원천기술을 보유하고 있는 미국 연료전지업체인 클리어엣지파워(CEP)를 인수해 영위하게 된 연료전지 사업 부문을 인적분할함으로써 2019년 10월 1일 설립되었다.

이에 따라 두산퓨얼셀은 발전용 연료전지 사업을 영위하고 있으며, 발전용 연료전지 기자재 공급 및 연료전지 발전소에 대한 장기 유지보수 등의 서비스를 제공하고 있다.

발전용 연료전지는 친환경·고효율 에너지원으로, 분산전원의 최적 에너지 전환기술로 부상하면서 전 세계적으로 투자규모와 시장이 확대되고 있다.

이러한 발전용 연료전지의 경우 신에너지 및 재생에너지 개발·이용·보급 촉진법에 따른 신재생에너지 공급의무화제도(RPS, Renewable Portfolio Standard)를 바탕으로 초기시장 및 인프라가 형성되어 2020년 9월 말 기준 606MW 규모가 설치되었다.

RPS제도는 500MW 이상 발전설비를 보유한 발전사업자에게 총 발전량의 일정비율 이상을 신재생에너지를 이용하도록 의무화하는 제도다. 공급의무자는 발전공기업을 비롯한 21개 발전사업자들이며, 공급의무비율은 매년 상향되어 2020년 현재 7%에서 2023년 10%까지 증가할 예정이다.

무엇보다 2019년 1월에 발표된 수소경제 활성화 로드맵에 따르면 정부는 발전용 연료전지의 설치규모를 2022년까지 1.5GW(내수 1GW), 2040년까지 15GW(내수 8GW 및 수출 7GW)로 확대하는 것을 목표로 하고 있다. 이에 따라 2023년 국내 발전용 연료전지 시장 규모는 2019년 대비 1.6배 증가한 300MW로 전망된다.

이러한 로드맵 상 보급목표의 달성을 위해 2020년 10월 수소경제위원회에서 수소경제 기본계획수립 시 발전용 연료전지의 중장기 및 연도별 보급목표를 설정하고, 현행 신재생에너지 공급의무화제도(RPS)에서 발전용 연료전지를 분리한 수소발전 의무화제도(HPS, Hydrogen Energy Portfolio Standard)를 2022년부터 시행하기로 하는 등 구체적인 이행계획을 추진하고 있어, 향후 발전용 연료전지 시장은 지속적인 성장세를 보일 것으로 예상된다.

이와 같이 수소 관련정책 등으로 발전용 연료전지 시장 규모는 빠르게 확대될 것으로 예상됨에 따라 두산퓨얼셀의 수혜가 가능해지면서 향후 매출성장이 가속화될 것으로 전망된다.

두산퓨얼셀은 LPG 연료사용 모델, Tri-gen 모델 등 신제품 개발을 추진하고 있다. 특히 현재 국책과제로 개발이 진행되고 있는 Tri-gen 모델은 분산전원으로써 전기와 열을 공급하는 동시에 도심 내 수소충전소로 사용할 수 있어 향후 수소경제 이행을 위한 기반 시설로 활용될 것으로 예상된다. 또한 기술 포트폴리오 다각화를 통한 시장지배력 강화를 위해 기존의 인산염연료전지(PAFC) 기술 외에 고체산화물연료전지(SOFC) 기술 확보를 추진중이다.

현재 발전용 중저온형 고체산화물연료전지(SOFC) 시스템 개발을 국책과제로 수행하고 있으며, 영국의 연료전지 기술업체인 세레스파워(Ceres Power)와 협력해 핵심부품인 셀스택의 양산기술을 개발하고 있다. 생산설비는 2023년까지 724억 원을 투자해 50MW 규모로 구축할 예정으로, 2024년부터 제품양산이 시작될 것으로 예상된다. 이렇듯 수소 밸류체인 내 두산퓨얼셀의 사업영역을 확장함에 따라 향후 성장성이 부각될 것이다.

에스퓨얼셀(288620)

- 건물용 연료전지 전문업체
- 시장 규모 확대로 향후 매출성장이 가속화될 듯

에스퓨얼셀은 국내 최초 수소연료전지 전문회사인 CETI 설립을 시작으로 2014년 에스에너지가 GS칼텍스의 수소연료전지 연구개발팀을 중심으로 설립한 연료전지 전문기업이다.

건물용 연료전지의 경우 아파트, 빌딩과 같은 건축물에 설치해 건물에서 필요한 전력량 중 기저부하를 대응하고 일정 부분의 열 부하까지 대응할 수 있는 소규모 열병합 발전기 형태의 연료전지를 의미한다. 우리나라의 경우 일반적으로 10kW급 이하의 연료전지 제품을 건물용 연료전지로 지칭하며, 에스퓨얼셀의 경우 고분자전해질연료전지(PEMFC) 타입 건물용 연료전지 시스템을 주력으로 한다.

에스퓨얼셀의 연료전지는 롯데캐슬아파트(100kW), 서울드래곤시티(146kW), 을지트윈타워(48kW), 하나은행 본점(85kW), 경북도청 신청사(60kW), 서울시립대 100주년 기념관(17kW) 등 다양한 건물에 설치·사용되고 있다.

수소경제 활성화 로드맵에서 가정·건물용 연료전지의 확산을 위해서 정부 보급사업 예산의 단계적 확대, 전력계통 부담을 완화하는 데 따른 보상으로, 전기요금 특례제도 연장 등의 경제적 인센티브를 제공함과 더불어 신축건물 연료전지 설치를 의무화하겠다고 밝혔다. 이를 통해 2018년 7MW 가량의 보급규모를 2022년 50MW,

2040년 2.1GW 이상으로 확대할 계획이다.

특히 2040년의 2.1GW는 약 94만 가구에 보급할 수 있는 규모로, 친환경 분산전원 특성에 맞게 설치 장소와 사용 유형별로 다양한 모델개발을 통해 목표달성을 꾀할 계획이다.

이에 따라 국내 가정·건물용 연료전지 시장 규모가 확대될 것으로 예상됨에 따라 해를 거듭할수록 에스퓨얼셀의 매출성장이 가속화될 수 있을 것이다.

한편 향후 연료전지 하이브리드 파워팩을 기반으로 드론, 지게차, 선박 등 수송용 시장 진출을 본격화할 것으로 예상됨에 따라 성장성이 가시화될 수 있을 것이다.

수소 관련 정책 등으로 가정·건물용 연료전지 시장 규모가 빠르게 확대될 것으로 예상됨에 따라 에스퓨얼셀의 수혜가 가능해지면서 향후 매출성장이 가속화될 것으로 전망된다.

미코(059090)

- 세라믹 소재, 디스플레이 부품, 고체산화물 연료전지(SOFC) 전문 기업
- SOFC 및 세라믹 국산화 선두주자

고체산화물 연료전지(SOFC: Solid Oxide Fuel Cell)는 세라믹 전해질과 저가 촉매를 적용해 전력을 생산하는 친환경 발전 시스템으로,

가장 발전효율이 높아 차세대 연료전지로 각광받고 있다. 무엇보다 2020년 3월 서울시 연면적 3천m^2 이상 건물을 신축할 경우 의무화된 신·재생에너지 설치 가능 대상에 고체산화물 연료전지(SOFC)를 추가함에 따라 향후 수소 연료전지 시장 확대가 가속화될 것으로 예상된다.

이러한 환경에서 미코는 지난 1996년부터 반도체 사업을 통한 축적된 세라믹 기술로 2011년 고체산화물 연료전지(SOFC) 단전지 제조기술과 2015년 평판형 고체산화물 연료전지(SOFC) 스택 제조기술을 확보하면서 2kW급 고체산화물 연료전지(SOFC)시스템을 개발했다.

2020년 7월 고체산화물 연료전지(SOFC)에 대한 인증기준이 확정되어 현재 심사기관 선정중에 있다. 이에 따라 미코는 2020년 말 내지 2021년 초까지 2kW시스템의 KS 인증 획득을 완료해 이를 바탕으로 조달청 사업 및 각종 지원사업에 진출할 계획이다.

우선 건물·가정용 시장에 진출할 예정이며, 2021년에는 8kW급 고체산화물 연료전지(SOFC)시스템을 개발 완료해 KS인증을 받을 계획이다. 중장기적으로 이러한 8kW급을 모듈화해 발전용 시장으로의 진출도 도모할 계획이다.

수소 연료전지 시장이 확대되는 환경에서 미코가 자체 개발한 고체산화물 연료전지(SOFC)시스템의 성장성이 가속화될 것이다.

한편 2020년 2월 물적분할된 신설법인 미코세라믹스는 세라믹 히터, 세라믹 정전척(ESC), 소모성 세라믹 부품 등의 사업을 영위하고 있다.

반도체 장비용 세라믹 히터는 플라즈마 화학기상증착장비 (PECVD) 내에 탑재되어 챔버 내 온도를 조절하는 부품으로 일본의 한 회사가 시장을 거의 독점하고 있다. 삼성전자가 독점구조를 깨기 위해 미코에 개발을 의뢰한 것이 현재 사업으로 이어졌으며, 원익 IPS와 네덜란드 ASM 등이 주요 고객사이다.

무엇보다 증착공정이 확대되면서 관련 장비 수요가 늘어남에 따라, 그 속에 들어가는 세라믹 히터 역시 수요가 계속 커지고 있다. 이러한 환경에서 최근 국산화 트렌드로 성장성이 가속화되고 있는 상황이다.

또한 에칭공정 정전기 방지용으로 사용되는 세라믹 정전척(ESC)도 지난 2004년 국내 최초로 국산화에 성공했다. 이에 따라 신설법인 미코세라믹스의 경우 세라믹 히터 등의 국산화를 기반으로 매출이 증가되면서 성장성이 가속화될 것이다.

디케이락(105740)

- 계장용 피팅 및 밸브 전문업체
- 수소와 반도체가 달린다

디케이락은 지난 1986년에 설립된 계장용 피팅 및 밸브전문업체이다. 디케이락의 계장용 피팅 및 밸브는 Offshore·Onshore, 석유·정유·화학, CNG·NGV, 조선엔진, 반도체 등에 사용되는 제품으로 300여 개 거래처에 공급하고 있으며, 전체 매출의 67.2%는 수출이다. 2020년 상반기 기준으로 매출 비중을 살펴보면, 피팅 52.4%, 밸브 32.9%, 상품 10.7%, 기타 4.0% 등이다.

글로벌 시장조사업체 IHS는 전 세계 수소차 시장 규모가 2022년 26만 대, 2030년에는 220만 대로 확대될 것으로 전망하고 있다. 또한 정부의 수소경제 활성화 로드맵에 따르면, 2022년까지 수소차 6.7만 대를 보급하고 같은 기간 수소 충전소는 310개소를 운영할 예정이다.

이에 따라 현대차의 경우도 2025년까지 수소차 연간 판매량을 11만 대로 늘리고 2030년까지 연간 50만 대 규모의 수소차 생산체계를 구축할 예정이다.

이러한 환경에서 디케이락은 현대차 넥쏘 연료배급모듈에 8가지 부품뿐만 아니라 수소연료전지 관련 제품에도 피팅과 밸브류 공급을 지속적으로 확대하고 있다.

또한 디케이락은 수소 충전소용 핵심부품인 700bar급 초고압 밸브 국산화를 진행중인데, 향후 수소충전소 보급 확대로 인해 수혜가 예상된다.

한편 수소산업에 사용되는 튜브피팅과 ORFS(O-Ring Face Seal) 피팅에 대해 유럽 수소 동력 자동차 형식승인인 EC79 인증을 2019년 디케이락이 획득함에 따라, 향후 관련 시장 규모가 커지면서 디케이락의 수혜가 가능할 것이다.

무엇보다 디케이락은 반도체 공정설비에 피팅과 밸브 등을 공급하고 있는데, 2019년 관련 매출은 43억 원을 기록했다. 2020년부터 반도체 관련 매출성장이 본격화될 것으로 예상됨에 따라 향후 성장의 한 축으로 자리매김할 수 있을 것이다.

현대에너지솔루션(322000)

- **현대중공업그룹 계열의 태양광 모듈 전문업체**
- **그린뉴딜 태양광은 내가 맡는다**

현대에너지솔루션은 지난 2016년 12월 현대중공업 그린에너지 사업부를 분사해 설립되었으며, 단결정 고효율 셀부터 모듈, 인버터, ESS 등의 시스템 설치까지 담당하고 있다. 국내는 물론 미국, 유럽, 일본, 호주 등 여러 국가에 제품을 공급한다. 2020년 상반기 기준으로 부문별 매출비중을 살펴보면 태양광 모듈 89.5%, 솔루션 9.9%, 기타 0.6% 등이다.

2019년 세계 태양광 설치량은 전년대비 9.3% 증가한 118GW를 기록했다. 2020년의 경우 코로나19 사태에도 불구하고 중국·미국시장의 예상보다 양호한 수요증가로 인해 120GW를 넘어설 것으로 전망된다. 무엇보다 그리드패러티 도달 및 기후변화 이슈로 세계 태양광시장은 2021년 150GW를 넘어서는 등 제2차 성장기에 진입할 것으로 예상된다.

또한 미국의 경우 2019년 태양광 설치량은 전년대비 10% 이상 증가한 13.3GW를 기록했다. 2020년 태양광 설치량은 15GW~

17GW 사이에서 결정될 것으로 예상된다. 무엇보다 투자세액공제 일몰 전 건설물량 증가로 인해 미국 태양광시장의 성장세는 2023년까지 지속될 것으로 기대된다.

이러한 환경에서 2019년 전체매출 중 미국이 차지하는 비중은 14%였지만, 2020년 상반기 기준으로는 32%로 크게 증가했다. 무엇보다 미국은 태양광제품에 대해 세이프가드 관세를 매기고 있는데, 2018년 30%를 시작으로 매년 5%pt씩 낮아지고 있다. 이에 따라 미국 태양광 시장의 성장환경에서 향후 세이프가드 관세비율 축소 등으로 수혜가 가능할 것이다.

현대에너지솔루션은 2020년 8월 750MW 증설 완료로 태양광 모듈 CAPA는 기존 600MW에서 1,350MW로 2배 이상 확대되었다. 무엇보다 신공장에서는 2019년 국내 최초로 개발된 대면적(M6: 166mm×166mm) 태양광 모듈 신제품을 생산한다. 이 제품의 경우 현재 시장에서 수요가 가장 많은 고출력, 고효율 제품으로 최대 출력 450W, 변환효율 20.7%이며, 양면(兩面)형의 경우 최대 25%까지 추가 발전이 가능한 것이 특징이다. 이번 증설로 가격이 비교적 높게 형성된 제품 생산량이 증가하면서 미국시장 확대에 긍정적인 영향을 미칠 것이다.

그린뉴딜 정책 등으로 국내뿐만 아니라 미국 등의 태양광 시장이 확대될 것으로 예상된다. 이러한 그린뉴딜 정책 등이 본격화되면서 2021년부터 실적이 점프업될 것으로 기대된다.

LS ELECTRIC(010120)

- 전력솔루션, 자동화기기의 제조 및 판매와 스마트그리드, 신재생 에너지 솔루션 등 그린에너지 사업을 영위
- 그린뉴딜 정책 수혜

그린뉴딜 정책의 핵심에는 전기와 정보통신 기술을 활용해 전력 망을 고도화해 고품질의 전력 서비스를 제공하는 것과 더불어 신·재 생에너지를 활용해 소비효율을 극대화하면서 환경영향까지 고려하 는 스마트그리드에 있다.

스마트그리드는 전력망에 정보통신기술(ICT)을 도입, 전력공급 자와 소비자가 실시간으로 정보를 교환해 에너지생산과 소비효율을 높이는 전력체계다. 에너지저장장치(ESS), 스마트계량기(AMI), 에너 지관리시스템(EMS) 등이 스마트그리드의 큰 축을 맡고 있다.

또 다른 그린뉴딜 정책의 핵심은 분산형전원을 확대하는 등 맞 춤형 인프라 구축에 있다. 분산형 전원의 경우 지역 간 혹은 지역 내 송전망의 배전시설의 간편화와 효율성을 높이기 위해 신·재생에너 지 등 다양한 에너지원을 활용해 소규모로 발전하는 설비를 말한다. 이러한 분산전원은 화력 및 원자력 등 대규모 집중형 전원과 달리, 전력소비가 있는 지역 근처에 분산·배치가 가능하다.

이러한 분산전원을 통한 에너지 소비 효율향상은 스마트그리드 도입 확대로 이어진다. 궁극적으로는 에너지 효율향상에 의해 에너 지 낭비를 절감하고, 신재생에너지에 바탕을 둔 분산전원의 활성화

를 통해 에너지 해외 의존도를 낮추는 게 목적이다. 또한 발전설비에 들어가는 화석연료를 절감해서 온실가스를 감축하는 효과도 있다.

이러한 환경에서 LS ELECTRIC은 기술 융·복합을 통한 스마트그리드 및 자동제어 솔루션을 확보해 지능형 전력망, 신재생 에너지, 제조혁신, 에너지 효율화 수요 증가 등 새로 조성되고 있는 사업 분야를 선점하고 있다. 특히 스마트그리드에 대해서는 필요한 단품 기기부터 에너지 관리 시스템 등 관련 기술을 갖추고 종합적인 솔루션을 제공할 수 있는 대표적인 기업이다.

또한 전력기기 및 전력인프라 부문의 경우 분산형 전원에 적합한 발전 시스템 등을 공급하면서 성장성이 부각될 수 있을 것이다. 이에 따라 향후 그린뉴딜 정책의 본격화 등으로 LS ELECTRIC의 수혜가 예상된다.

코스모신소재(005070)

- 2차전지용 양극재 및 MLCC용 이형필름 등이 주력제품인 IT 소재 전문업체
- NCM 매출확대가 밸류를 상승시킨다

코스모신소재는 1967년에 설립되었으며, 2차전지용 양극재 및 MLCC용 이형필름 등이 주력제품인 IT 소재 전문업체이다. 사업 부문의 경우 2차전지용 양극활물질, 잉크 토너 등을 제조하는 분체 사

업부와 MLCC용 이형필름, 점착필름 등을 제조하는 기능성 필름 사업부로 구분된다. 2019년 기준으로 사업 부문별 매출비중을 살펴보면 분체 66.8%, 기능성 필름 33.2% 등이다.

시장조사기관 SNE리서치에 따르면 오는 2025년 양극재 수요량은 2019년 46만 톤 대비 약 6배 증가한 275만 톤에 이를 것으로 전망된다. 이는 중·대형 배터리용 전기차와 ESS의 수요확대와 더불어 소형 IT기기도 지속적으로 성장할 것으로 예상되기 때문이다. 양극재는 배터리 원가의 3분의 1을 차지하는 핵심 소재이며, 양극활 물질로는 니켈, 코발트, 망간, 알루미늄 등을 사용한다.

이러한 환경에서 코스모신소재는 스마트폰, 노트북 등 IT기기에 사용되는 LCO(리튬·코발트·산화물) 계열의 양극활물질에서 전기차 및 ESS 등에 사용되는 중·대형 배터리 소재인 하이니켈계 NCM(니켈·코발트·망간) 양극활물질로 품목 교체를 완료하고 관련설비를 증설중에 있다. 이에 따라 코스모신소재의 양극재 생산능력은 2020년 1만 톤에서 2021년 상반기에는 2만 톤 규모로 크게 확대될 예정이다.

이에 발맞춰 2020년 4분기부터 삼성SDI ESS향 NCM 양극활물질이 월 850~900톤으로 공급이 확대됨에 따라 2021년 매출상승의 원동력이 될 것이다. 또한 LG에너지솔루션향 NCM 양극활물질도 월 150톤 정도 공급되고 있는 중이다.

무엇보다 NCM811에 대해 고객사 테스트를 진행중에 있으므로 2021년 하반기부터 8시리즈 공급이 본격화될 것으로 예상된다. 이에 따라 2021년부터 NCM 양극활물질 공급이 본격화되면서 매출

상승 등으로 성장성이 가시화될 것이다.

한편 MLCC용 이형필름의 경우 5G 중심 수요가 늘어나고 재고도 적정수준으로 유지되면서 2020년 9월부터 생산가동률이 회복되고 있다. 이에 따라 2021년의 경우 생산가동률 상승에 의한 MLCC용 이형필름의 매출상승을 도모할 수 있을 것이다.

켐트로닉스(089010)

- 전자부품, 무선충전, 디스플레이, 케미칼, 자율주행 등의
  사업을 영위
- 폴더블 및 자율주행 성장성 가시화

켐트로닉스는 지난 1997년에 설립되어 전자·화학 사업을 영위하고 있다. 사업 부문은 전자부품, 무선충전, 디스플레이, 케미칼, 자율주행 등으로 구분되어 있다. 2020년 예상 매출기준으로 사업 부문별 매출비중을 살펴보면 전자부품 36.4%, 무선충전 18.2%, 디스플레이 18.1%, 케미칼 26.3%, 자율주행 1.0% 등이다.

켐트로닉스는 2020년 상반기 코로나19로 인한 전방산업 부진으로 실적이 저조했다. 그러나 삼성전자 무선충전기(TX) 세트업체로 선정되어 2020년 하반기부터 양산이 본격화될 것이며, 전자부품 사업의 경우 아이템이 다양화되면서 매출성장이 예상된다. 특히 케미칼 사업의 경우 기존 유통 아이템에서 고부가 합성 및 정제 아이

템 확대로 수익성을 개선중에 있다. 이에 따라 2020년 하반기부터 실적 턴어라운드가 가시화될 것으로 예상된다.

한편 디스플레이 패널용 유리를 얇게 깎는 초박형 식각 공정 기술을 보유하고 있는데, 이 기술을 바탕으로 폴더블 스마트폰에 사용되는 초박막 강화유리(UTG: Ultra Thin Glass) 가공 기술을 개발중에 있다. 향후 폴더블 스마트폰 시장이 급속도로 커질 것으로 예상됨에 따라 성장성이 가시화될 것이다.

켐트로닉스는 2013년 신규사업으로 첨단 V2X(Vehicle to Everything) 및 ADAS(Advanced Driver Assistance Systems) 사업을 시작해 르노삼성차, 쌍용차 및 해외 OEM 등에 카메라 기반 360도 영상시스템(Surround View Monitoring) 솔루션 및 무선충전 시스템을 공급하고 있다.

또한 자율주행의 핵심기술인 V2X 솔루션을 자체개발해 판교제로시티, 세종시 자율주행차 인프라 구축사업, 제주 버스정보시스템(BIS), 대구 수성 알파지구 등에 차량보조장치(OBU)와 노변기지국(RSU)를 공급하고 있으며, 해외 OEM 및 Tier1 업체와 V2X 관련 기술공급을 위해 협상중이다.

이와 같이 켐트로닉스는 자율주행의 핵심인 ADAS 전자제어장치(ECU) 및 V2X 기술을 보유하고 있는데, 2020년 7월 전장용 카메라 센서를 보유한 케이에스에스이미지넥스트를 인수함에 따라 토털 솔루션을 공급할 수 있는 모빌리티 전문업체로 성장할 수 있는 발판이 마련되었다. 이에 따라 향후 자율주행 관련 성장성이 가시화될 전망이다.

나라엠앤디(051490)

- 금형, 전기차 배터리팩·ESS사출부품, 자동차·가전부품 등의 사업을 영위
- 전기차 성장과 함께 달린다

나라엠앤디는 지난 1999년 LG전자 생산기술센터 금형공장을 Spin-off해 설립되었으며, 금형, 금형설비, 금형부품제작 등의 사업을 영위하고 있다. 즉 자동차, 디스플레이, 휴대폰, 가전 등의 대량생산 필수장치인 금형사업과 더불어 금형기술을 기반으로 Press기, 사출기, 기타 양산 전용설비를 이용해 전기차 배터리팩(Battery Pack)·ESS사출부품 및 자동차·가전 부품 등의 사업을 전개하고 있다. 2020년 1분기 기준으로 사업 부문별 매출 비중을 살펴보면 금형 43.5%, 전기차 배터리팩·ESS사출부품 43.2%, 자동차·가전 부품 13.2% 등이다.

전기차 배터리팩·ESS사출부품의 경우 국내, 중국 남경, 폴란드 공장에서 생산해 LG화학 등에 납품하고 있다. 특히 나라엠앤디가 100% 출자한 나라배터리엔지니어링폴란드유한회사의 경우 전기차 배터리팩 전용라인으로 2019년 4분기부터 LG화학 폴란드법인에 공급되기 시작했다.

2019년 전기차 배터리팩·ESS사출부품 매출액은 372억 원인데, 2020년 1분기의 경우 나라배터리엔지니어링폴란드유한회사의 매출증가로 2019년 매출액의 50% 수준인 186억 원을 기록했다.

무엇보다 주요 고객인 LG화학의 경우 전기차 시장이 급성장하고 있는 유럽에서 폭스바겐, 르노, 볼보, 아우디, 다임러, 메르세데스벤츠, 재규어, 포르쉐 등의 고객을 확보하고 있다. 이에 따라 LG화학의 폴란드 공장 생산능력을 지속적으로 확대하고 있는 중이다. 이러한 LG화학 폴란드 법인의 증설로 나라엠앤디 매출은 해를 거듭할수록 증가할 것으로 예상된다. 무엇보다 전기차 배터리팩·ESS사출부품의 매출상승은 전체적으로 수익성을 개선하는 데 기여할 것이다.

또한 자동차·가전부품의 경우 자동차용 Seat Rail, Seat Track Assembly, Core Plate, Bearing Cage, Tappet, Hub & Shaft 등 Assembly 및 단품 형태로 생산을 하고 있다. 신규 자동차 모델 관련 비용 발생 등으로 2019년 자동차·가전부품에서 19.6억 원의 영업적자를 기록했다. 2020년부터 양산이 적용됨에 따라 2020년 적자폭이 상당부분 줄어들 것이며, 2021년에는 흑자전환이 예상된다.

대보마그네틱(290670)

- **탈철장비 전문업체**
- **신규사업 가시화가 관건**

대보마그네틱은 지난 1994년에 설립된 자석(磁石) 및 자석응용기기 전문업체로서 자장(磁場, Magnetic field)으로 철을 제거하는 자력(磁力) 선별기술을 기반으로 원료에 함유된 철(鐵, Fe) 또는 비철

금속을 제거하는 탈철장비를 제조하고 이를 2차전지 소재업체 및 셀 제조업체 등에 납품하고 있다.

주력제품은 전자석탈철기(Electro Magnetic Filter) 및 자력선별기(Magnetic Separato) 등이다. 특히 전자석탈철기는 2차전지의 발화원인으로 지목되고 있는 양극재 소재에 함유된 미량의 철을 제거하는 데 유용하게 사용된다.

2020년 1분기 기준으로 제품별 매출비중을 살펴보면 전자석탈철기 81.2%, 자력선별기 9.8%, 기타 9.0% 등이다.

2차전지의 경우 향후 전기차 및 ESS 등의 높은 성장성이 기대됨에 따라 2차전지 제조업체들의 설비투자도 계속 확대되고 있는 추세이다. 대보마그네틱은 일본 업체가 독점하고 있던 전자석탈철기를 국산화하며 성장기반을 구축함에 따라 탈철장비시장 내 확고한 시장점유율을 차지하고 있다. 이에 따라 2차전지 제조업체들의 설비투자 확대로 수혜가 가능하면서 앞으로 해를 거듭할수록 매출성장이 예상된다.

2차전지의 고도화·스펙 상향 등으로 수산화리튬과 기타소재의 수요확대가 예상된다. 즉 니켈은 통상 코발트, 망간과 결합해 전구체를 이룬 뒤 고온에서 리튬과 함께 녹여 합성시키면 양극재가 되는데, 니켈은 너무 높은 온도에서는 리튬과 합성이 잘 안 되기 때문에 니켈 함량이 높은 고용량 전기차 배터리에는 탄산리튬 대신 녹는 온도가 낮은 수산화리튬이 사용된다. 이에 따라 수산화리튬의 경우 배터리 용량을 높이는 니켈과 합성이 용이해 고용량 전기차 배터리로 각광받고 있다.

이러한 환경에서 대보마그네틱은 신규로 소재 임가공 사업 진출을 준비하고 있다. 즉 임가공 공정을 통해 얻어진 수산화리튬 등을 양극재업체 등에 공급하는 것이다. 이와 관련된 설비투자가 진행중에 있으므로 향후 매출성장이 가시화될 수 있을 것이다.

수산화리튬 등 소재 임가공 사업의 경우 진입장벽이 높기 때문에 향후 매출이 증가하게 되면 수익성 개선에 기여할 것이다. 이에 따라 임가공 사업에 대한 신규매출 발생이 주가상승의 모멘텀으로 작용할 수 있을 것이다.

그린플러스(186230)

- **국내 1위 첨단온실 전문기업**
- **스마트팜 활성화의 최대 수혜주**

그린플러스는 1997년 설립된 첨단온실 분야 국내 1위 업체로서 알루미늄과 온실사업 등을 주요 사업으로 영위하고 있다. 알루미늄 압출 생산라인을 기반으로 온실 설계부터 자재 제작과 시공까지 첨단온실사업의 전 영역을 대응할 수 있는 역량을 보유하고 있다.

또한 연결 종속회사로 민물장어 양식에 그린피시팜, 스마트팜 딸기 재배에 그린케이팜을 두고 있다.

첨단온실은 빛, 온도, 습도 등 온실 내 작물생육 환경조건을 제어해 일년 내내 작물을 생산할 수 있는 온실을 말한다. 국내 첨단유리

온실시장은 2017년 기준으로 국내채소와 화훼재배 면적 중 비중이 0.76%에 불과하다. 인구 고령화로 첨단온실시설이 늘었던 일본의 경우 첨단유리온실 비중은 4.5%이기 때문에 우리나라의 경우도 향후 성장성이 높다고 판단된다.

정부는 스마트팜(Smart Farm) 혁신밸리를 통해 전북 김제, 경북 상주, 전남 고흥, 경남 밀양 등 4개 지역에 2020년부터 2022년까지 스마트팜 인프라를 조성하는 사업을 진행할 예정이다. 스마트팜은 농산물의 생산, 가공, 유통단계에서 정보통신기술(ICT)을 접목해 지능화된 농업 시스템을 말한다. 해당 사업의 총 사업비는 약 4,200억 원이며, 첨단온실 설비구축 사업비는 2,800억 원 수준으로 추산된다. 이에 따라 2020년부터 스마트팜 혁신밸리 관련 수주 등이 가시화되면서 향후 매출성장의 기반이 마련될 것이다.

무엇보다 농협은 스마트팜 종합자금 대출지원, 청년 대상 창농(創農)교육, 지자체 협력 사업 등으로 정부의 스마트팜 사업을 적극적으로 뒷받침하고 있는 중이다. 이러한 스마트팜 활성화 등으로 인해 그린플러스의 수주가 증가하고 있다.

▌ 언제 어디서나 인프라에 대한 디지털 트랜스포메이션이 필요하다
▌ 디지털뉴딜이 비즈니스 모델의 디지털 트랜스포메이션을 촉진시킨다
▌ 디지털 시대에는 데이터가 새로운 자본이자 성장동력이다
▌ 언택트 라이프라 쓰고, 오프라인의 온라인화라고 읽는다
▌ 이동통신의 진화로 살펴본 비즈니스 패러다임 변화
▌ 다가올 3년, 꼭 사야 할 디지털뉴딜 관련 투자 유망주

3부

두 번째 혁신코드 '디지털'

: 디지털뉴딜이 디지털 경제를 앞당긴다

Green·Digital·Health care

언제 어디서나 인프라에 대한 디지털 트랜스포메이션이 필요하다

언택트 라이프스타일 확산을 가능케 하는 기저에는 디지털 트랜스포메이션이 있다. 이에 따라 코로나19 이후에는 디지털 트랜스포메이션이 가속화될 것이다. 특히 인공지능이 디지털 트랜스포메이션을 완성하는 역할을 하게 될 것이다.

IDC는 디지털 트랜스포메이션을 '기업이 새로운 비즈니스 모델, 제품, 서비스를 창출하기 위해 디지털 역량을 활용함으로써 고객과 시장의 파괴적인 변화에 적응하거나 이를 추진하는 지속적인 프로세스'라고 정의내리고 있다. 이와 같은 디지털 트랜스포메이션의 활성화를 위해서는 데이터(Data), 네트워크(Network), 인공지능(AI)의 역할이 중요하다.

데이터(Data)는 기존의 노동과 자본을 뛰어넘는 생산요소로서 생산성 향상에 기여하는 디지털 트랜스포메이션의 핵심동력이다. 네트워크(Network)는 5G를 통해 방대한 데이터를 아주 빠르게 전송하고 실시간으로 대용량 데이터와 모든 사물을 연결할 수 있게 해주는 인프라 역할을 한다. 결국에는 인공지능(AI)이 데이터를 활용해

통신망과 함께 타 분야의 융합을 촉진시켜 빠르게 디지털 트랜스포메이션을 완성하는 역할을 하게 된다.

디지털 트랜스포메이션이
가져올 변화들

이러한 디지털 트랜스포메이션이 사회경제적으로 제3차 산업혁명에서 제4차 산업혁명으로 전환하는 계기를 마련해준다. 제3차 산업혁명의 기저에는 PC와 인터넷 사용이 있었으며, 이러한 것을 바탕으로 제4차 산업혁명인 O2O(Online to Offline) 세상으로 이동시키는 것이 바로 디지털 트랜스포메이션이다.

코로나19가 전 세계적으로 경제와 산업뿐만 아니라 사람들의 일상생활에도 큰 변화를 일으키고 있다. 사회적 거리두기로 인한 언택트 라이프가 지속되면서 온라인 비즈니스가 크게 성장하고 있다. 이에 따라 오랜 기간 화두가 되었던 디지털 트랜스포메이션을 기업뿐만 아니라 일반인들도 절실하게 체감하게 되었다.

이러한 언택트 라이프의 근간에는 클라우드 서비스가 있다. 클라우드는 기업 내에 서버와 저장장치를 두지 않고 외부 서버에 맡겨 쓰는 서비스를 의미한다. 재택근무, 화상회의, 온라인 수업 등 점점 증가하는 데이터에 유연하게 대응할 수 있기 때문에 언택트 라이프 환경에서 클라우드 서비스 사용이 증가할 것이다. 즉 클라우드 서비스는 각각의 기업이 직접 서버를 구축하고 관리하는 것보단 비용이

상대적으로 싸고 이용이 편리하며 빅데이터를 모을 수 있다는 장점을 가지고 있다.

이에 따라 기존 시스템을 클라우드 서비스에 연계시키는 수요가 폭발적으로 증가할 것이다. 이러한 변화로 그동안 디지털 트랜스포메이션에 대해 적극적이지 않았던 기업들은 이를 가장 시급하게 해결해야 할 과제로 삼고 있다.

디지털 트랜스포메이션의 가속화

다른 한편으로는 클라우드 환경 하에서는 대형서버들이 대규모로 모여 있는 물리적 공간인 데이터센터를 필요로 한다. 특히 코로나19로 데이터 사용량이 폭발적으로 늘고 있어 데이터센터 수요는 더욱 더 확대되고 있다.

이러한 데이터센터는 서버를 비롯한 네트워크, 저장공간인 스토리지, 메모리 반도체, 냉각시설, 전력공급시설 등으로 구성된다. 특히 데이터센터 내 서버에는 CPU(중앙처리장치)와 D램 반도체 모듈, 메모리 반도체를 이용한 SSD(대용량 저장장치) 등이 탑재된다. 이에 따라 데이터센터가 늘어나면 서버용 반도체 수요가 증가한다.

디지털 트랜스포메이션의 필수 동맥은 5G 이동통신 네트워크다. 5G 이동통신은 4G 이동통신보다 최대 전송속도에서 10배 앞서고, 동시 처리 트래픽 규모도 4G 이동통신의 20배 수준이다.

언택트 라이프가 사회 각 영역으로 확대되고, 데이터 사용량이 증가할수록 더 빠르고 용량이 큰 5G 이동통신 서비스의 필요성은 더욱 커질 전망이다. 즉 코로나19가 5G 이동통신 확산의 촉매제가 될 것이다. 당장 5G 이동통신 확산은 다소 지연되더라도 궁극적으로 생활 깊숙이 스며들어 포스트 코로나 시대에는 5G 이동통신 네트워크가 핵심 인프라로 자리 잡게 될 것이다.

한편 코로나19 사태로 인해 폐쇄된 사업장 운영재개가 지연되고 있는 노동집약형 제조업을 중심으로 공급차질이 지속되고 있다. 노동력에 대한 높은 의존도를 낮추지 못하는 한, 유사한 문제가 반복해서 발생할 수 있다. 이를 근본적으로 해결하기 위해서는 디지털 트랜스포메이션으로 인한 정보화, 자동화, 지능화 생산체계를 구축하는 게 필수적이다.

특히 선도 제조업체의 경우 경쟁력 유지를 위해 생산 인프라 자동화와 디지털화에 더욱 박차를 가하고 있다. 이에 따라 코로나19는 제조업 측면에서도 디지털 트랜스포메이션을 가속화하는 계기가 될 것이다.

디지털뉴딜이 비즈니스 모델의
디지털 트랜스포메이션을 촉진시킨다

코로나19 사태로 디지털뉴딜이 주목받고 있다. 데이터(Data), 네트워크(Network), 인공지능(AI)을 통한 디지털 트랜스포메이션화로 비즈니스 모델을 창출하거나 재정립하는 것이 디지털뉴딜이라 할 수 있다.

디지털 트랜스포메이션은 데이터(Data), 네트워크(Network), 인공지능(AI) 등 디지털 신기술을 바탕으로 산업의 혁신을 견인하고 국가경쟁력을 결정짓는 핵심요소로 자리매김하고 있다.

무엇보다 코로나19로 인한 비대면화의 확산과 디지털 전환 가속화 같은 경제사회 구조의 대전환은 디지털 역량의 중요성을 재확인시켜주었다. 이에 따라 세계 주요국에서 재정투자 방향을 디지털 트랜스포메이션으로 두고 있다.

이러한 환경에서 디지털뉴딜이 주목받고 있다. 디지털뉴딜은 정보통신기술(ICT) 인프라를 기반으로 디지털 트랜스포메이션을 전면화해 전 산업을 디지털화하는 것을 목표로 하고 있으며, 그 과정에서 90만 3천 개의 일자리를 만들어낸다는 구상이다.

디지털뉴딜의
핵심내용

디지털뉴딜의 핵심내용은 D(데이터)·N(네트워크)·A(인공지능) 생태계 강화, 교육인프라 디지털 전환, 비대면 산업 육성, SOC(사회기반시설) 디지털화 등 4대 분야로 구분된다.

첫 번째는 DNA생태계를 강화하는 것이다. 데이터 인프라 구축과 개방, 활용을 통한 새로운 경제를 창출하는 것이 여기에 해당한다. 또한 디지털콘텐츠, 자율주행차, 자율운항선박 등 산업 분야에 5G 기반 융합서비스를 확산하고 스마트공장, 의료, 치안 등 다양한 산업·공공 분야에 인공지능 활용을 확대해 산업의 고도화를 추진해 나갈 예정이다.

정부는 DNA생태계 강화에 2025년까지 31조 9,000억 원을 투자할 계획으로 56만 7,000여 개 일자리가 창출될 것으로 기대된다. 이러한 DNA 생태계 강화에 대한 추진과제로는 데이터 댐과 지능형(AI) 정부를 들 수 있다.

디지털뉴딜 정책을 구성하는 한 축인 데이터는 디지털 시대의 새로운 자본이자 성장동력이다. 우선 가치있는 데이터로 신사업을 발굴하거나 기존 경제의 부가가치를 배가할 수 있는 데이터를 발굴하고, 이를 활용할 수 있는 빅데이터 플랫폼 구축에 주목해야 할 것이다. 이러한 환경에서 데이터 댐은 공공기관이나 민간기업이 데이터를 수집하고, 이를 가공해 유용한 정보로 재구성한 집합 시스템을 의미한다.

먼저 데이터를 분야별로 수집하고 축적·가공한 후 상업적으로 활용할 수 있도록 데이터 인프라를 갖추는 단계로, 댐에 데이터를 모으는 것이다. 그 다음은 데이터 경제의 기반을 강화할 것을 목표로 수집된 데이터가 축적되고, 인공지능 학습의 목적으로 가공되는 단계이다. 정부 주도로 구축될 AI 학습용 데이터만 약 1,300종에 이를 것으로 예상된다. 결국에는 댐이 열리고 인공지능을 통한 데이터의 상업적 활용이 본격적으로 이루어진다. 이와 같이 5G 이동통신 네트워크와 인공지능의 융합이 핵심이다.

이에 따라 데이터 수집·가공·결합·거래·활용을 통해 데이터 경제를 가속화하고, 5G 기반 인공지능 융합서비스가 확산될 수 있을 것이다.

또한 지능형 정부사업은 개인별 비대면 맞춤형 공공 서비스 구현을 목적으로 정부의 행정서비스에 인공지능, 블록체인, 5G 네트워크, 클라우드 등과 같은 기술을 적극적으로 도입하는 것이다. 이를 위해 정부청사를 연결하는 5G 국가 무선 네트워크를 구축하고, 클라우드 기반 업무환경을 구현해 인공지능에 기반한 대화형 비대면 행정도 늘릴 계획이다. 또한 블록체인 기술은 모바일 신분증의 도입, 복지급여 수급의 관리, 부동산 거래 플랫폼이나 온라인 투표 등에 활용될 것으로 기대된다.

두 번째는 교육 인프라의 디지털 전환이다. 고성능 와이파이·디지털 기기 등 모든 초·중·고등학교에 디지털 기반 교육 인프라를 조성해 온·오프라인 융합학습 환경을 추진할 예정이다. 또한 온라인 강의 인프라·콘텐츠 확충과 플랫폼 고도화를 통해 양질의 온라인 대학교육·평생교육·직업훈련 시스템도 완비해나갈 예정이다. 정부는 교육 인프라의 디지털 전환에 2025년까지 8,000억 원을 투자할 계획으로 9,000여 개 일자리가 창출될 것으로 기대된다.

세 번째는 비대면 산업 육성이다. 스마트 의료 및 돌봄 인프라 구축, 중소기업 원격근무 확산, 소상공인 온라인 비즈니스 지원 등 국민생활과 밀접한 분야의 비대면 인프라 구축을 통해 관련 비대면 산업이 성장할 수 있는 토대를 마련할 예정이다. 정부는 비대면 산업 육성에 2025년까지 2조 1,000억 원을 투자할 계획으로 13만 4,000여 개의 일자리가 창출될 것으로 기대된다.

이러한 비대면 산업 육성에 대한 추진과제로는 스마트 의료 인프라를 들 수 있다. 스마트 의료 인프라는 감염병 위협에서 의료진과 환자를 보호하고, 환자의 의료편의 제고를 위해 디지털 기반 스마트 의료 인프라를 구축해 나가는 사업이다. 즉 안전한 진료 환경 조성을 위해 디지털 기반 스마트병원을 구축하고 호흡기전담클리닉을 설치하며, 의원급 의료기관에 화상진료 장비를 지원할 계획이다.

인공지능 기반의 정밀진단을 목적으로 하는 소프트웨어 개발이 확대 추진되고, 의료기관 사이에 협진을 위한 디지털 기반 스마트병원 18개소와 함께 음압장비를 갖춘 호흡기전담 클리닉 1,000개소도 설치할 계획이다. 또한 의원급 의료기관에 대한 화상진료장비 지원과 함께 고혈압이나 당뇨와 같은 만성질환자 20만 명을 대상으로 하는 웨어러블 기기를 보급할 예정이며, 국민편의를 제고하는 일환으로 비대면 의료, 즉 원격의료의 제도화도 추진할 계획이다.

네 번째는 SOC 디지털화다. 안전하고 편리한 국민생활을 위한

SOC 핵심 인프라 디지털화와 더불어 도시, 산단, 물류 등 스마트화로 연관산업의 경쟁력을 제고하는 사업이다. 정부는 SOC 디지털화에 2025년까지 10조 원을 투자할 계획으로 19만 3,000여 개 일자리가 창출될 것으로 기대한다.

이러한 SOC 디지털화에 대한 추진과제로 국민안전 SOC 디지털화와 디지털 트윈 등을 들 수 있다. 국민안전 SOC 디지털화는 안전하고 효율적인 교통망 구축을 위해 도로, 철도, 공항과 같은 시설에 인공지능과 디지털기술을 기반으로 한 관리체계를 도입해 이용자의 안전과 편의를 제고하는 사업이다. 이에 대한 일환으로 주행차량과 교통인프라 간의 상호통신을 위한 지능형교통시스템, 전기설비 사물인터넷(IoT) 센서, 하천관리용 CCTV, 비대면 생체인식시스템 등을 도입한다.

구조적인 변화를 완충시킬 수 있는 디지털뉴딜이 필요

한편 디지털 트윈은 3차원 공간정보에 다양한 데이터를 연결해 만들어낸 가상공간인데, 디지털 트윈 사업은 현실공간을 가상공간으로 재현해 실시간으로 현실공간을 관리하는 것이다. 즉 현실과 같은 가상세계인 디지털 트윈을 구축해 신산업을 지원하고 국토의 안전관리를 강화할 계획이다.

디지털 트윈 사업은 3차원 공간정보를 기반으로 행정·민간정보 등 각종 데이터를 결합·융합한 것으로 국토·도시문제의 해법을 제공하고, 스마트시티·자율주행차 등 신산업이 원활히 작동하도록 하는 기본 인프라다. 이러한 디지털 트윈을 기반으로 전국 3차원 지도, 지하공간통합지도·지하공동구 지능형 관리시스템, 정밀도로지도 구축을 조기에 완료할 계획이다.

결국에는 데이터, 네트워크, 인공지능을 통한 디지털 트랜스포메이션화로 비즈니스 모델을 창출하거나 재정립하는 것을 디지털뉴딜이라 할 수 있다.

디지털 시대에는 데이터가 새로운 자본이자 성장 동력이기 때문에 디지털화로의 전환은 대세흐름이 되었으며, 코로나19가 그 전환 속도를 빠르게 하고 있다. 이러한 디지털 트랜스포이션으로 인해 산업의 구분이 모호해지고 있으며, 이는 곧 산업재편의 신호탄이 될 것이다.

무엇보다 디지털화와 일자리 창출은 상반된 면이 분명히 존재하기 때문에 정부에서는 단순하고 근시안적인 일자리 창출보다는 산업재편이 보다 연착륙될 수 있게 하는 동시에 디지털 시대의 기반을 구조적으로 확충할 수 있는 일자리 창출을 도모해야 할 것이다.

산업재편과 일자리 창출이라는 두 마리 토끼를 잡기 위해서는 디지털화라는 효율성 기반 하에서 비즈니스 모델 재정립과 창출이 이루어질 수 있는 환경조성을 해야 할 것이다.

디지털 시대에는 데이터가 새로운 자본이자 성장 동력이다

인공지능(AI) 분석 기술 발전은 데이터 활용성을 높이면서 데이터 경제를 촉진시킨다. 또한 데이터 활용성이 높아지면 그만큼 데이터 분석을 통해 의미 있는 정보를 추출하는 것이기 때문에 데이터의 자산가치를 높여준다.

데이터 경제(Data Economy)는 디지털 기술을 이용해 생성된 데이터를 수집·저장·처리·유통·활용해 공급·중개·수요 시장에서 새로운 제품과 서비스를 제공할 뿐만 아니라 제품과 서비스의 질, 생산성·효율성 향상에도 기여하는 등 데이터가 경제적 가치를 창출하는 것을 뜻한다. 즉 데이터를 수익 창출을 위한 수단으로 사용할 뿐만 아니라 데이터가 자본 또는 자산으로 여겨지는 경제 생태계를 말한다.

무엇보다 제4차 산업혁명이 진전됨에 따라 데이터는 토지, 노동, 자본 등 기존의 생산요소를 능가하는 핵심자원으로 부상하고 있으며, 전체산업의 혁신성장을 가속화시키고 있다.

사물인터넷(IoT)은 센서기술의 일종으로 물리적 데이터를 가상의 데이터로 바꿔주고 주변 네트워크 기기와 통신함으로써 데이터를 만들어내는 역할을 한다. 제3차 산업혁명에서는 데이터 생산자 주체가 사람뿐이었지만 제4차 산업혁명은 이러한 주체를 사물로 확장시킨다.

이러한 환경에서 인공지능 분석기술 발전은 데이터 활용성을 높이면서 데이터 경제를 촉진시킨다. 또한 데이터 활용성이 높아지면 그만큼 데이터 분석을 통해 의미 있는 정보를 추출하는 것이기 때문에 데이터의 자산가치를 높여준다.

가령 블록체인은 데이터의 무결성을 보증하고 데이터 자산가치를 증가시켰다. 블록체인의 핵심 중 하나인 디지털 화폐는 데이터 거래를 원활하게 만들었기 때문이다.

결국에는 제4차 산업혁명으로 인해 데이터 규모를 폭발적으로 증가시켜 사업영역이 크게 확대되었을 뿐만 아니라 데이터 활용가치도 높아졌다. 무엇보다 데이터에 경제적 가치를 부여하는 촉매 역할을 했다.

이에 따라 데이터는 맞춤형 정밀진단, 최첨단 스마트팩토리, 자율주행차, 스마트 팜 등 지능화 기반의 산업혁신뿐만 아니라 최적의 교통신호 제어, 치매예측, 인공지능 기반 범죄분석, 합리적인 신용대출 등 광범위한 분야에 활용될 수 있다.

데이터 패러다임이
전환된다

그동안 데이터는 보호와 보안의 대상이었다. 그러나 2020년은 데이터 3법 개정안 시행으로 데이터 패러다임이 전환되는 시점이다. 즉 데이터 보호와 보안에서 데이터 공유와 활용의 시대가 시작되는 것이다.

2020년 1월 가명정보 도입을 통한 데이터 이용 활성화, 개인정보 보호체계 일원화, 마이데이터 등 금융 분야 데이터 신산업 도입, 전문기관을 통한 데이터 결합지원 등을 주요내용으로 한 데이터 3법(개인정보보호법·신용정보법·정보통신망법) 개정안이 국회에서 통과되어 2020년 8월 5일부터 시행에 들어갔다.

이에 따라 기업은 데이터를 익명화해서 외부에 판매할 수도 있고, 구매할 수도 있게 되었다. 데이터 주체인 개인의 동의를 얻어서 개인의 데이터를 수집하고 관리하며 개인을 위한 서비스를 제공할 수 있는 마이데이터 비즈니스가 가능하게 된 것이다.

이와 같은 마이데이터 사업은 금융소비자의 금융자산 정보, 신용정보 등의 데이터가 금융사에 산재해 있어 관리가 힘들었던 것을 개선시켜 개인이 관리주체가 될 수 있게 할 뿐만 아니라, 이러한 정보를 적극적으로 활용해 자산관리 등에 다양하게 적용할 수 있도록 하는 것이다. 즉 예금·대출 관련 정보, 신용카드·지급결제 관련 정보, 보험·금융투자상품·통신 관련 정보, 공공정보 등 다양한 개인 신용정보가 마이데이터를 통해 수집·관리되어 자산관리와 같은 맞춤형 적극적 서비스에 활용된다.

또한 금융거래 정보 외에 온라인 활동정보, 통신료와 공공요금의 지불이력, 직업, 부동산 보유정보 등으로 활용가능한 데이터의 범위가 넓어져 대안신용평가가 가능해질 것이다. 특히 주부, 사회초년생 등 금융이력 부족자의 경우 금융 진입장벽을 낮추는 데 활용될 것으로 기대된다.

부가가치의 원천인 데이터

데이터 경제에서는 고객과의 접점 확보를 통해 다양한 데이터를 수집하고 이를 활용해 수익과 가치를 창출한다. 소매유통, 대중교통, 숙박, 교육 등 산업전반에서 고객 데이터를 확보하고 알고리즘으로 분석해 사업으로 연결시키는 것이다. 이에 따라 데이터 경제에서는 부가가치의 원천이 데이터와 알고리즘이라는 디지털 자산으로 이동하고 있다.

이에 대한 연장선상으로 다양한 플랫폼을 통해 고객과의 접점을 늘리고, 여기서 확보한 데이터를 바탕으로 사업을 계속 확장하고 있다. 도서유통 전자상거래 플랫폼으로 시작한 아마존이 전자·소매품 등 상품군을 넓히고, 영상·음악 같은 콘텐츠 플랫폼 비즈니스로 확장했다.

한편 테슬라 차량의 경우 운전자의 손 위치와 운전 방법에 대한 정보를 수집할 수 있는 내부·외부 센서를 통해 차량과 운전자의 데이터를 수집하고 있다. 이 데이터는 테슬라가 시스템을 개선하는 데 도움을 줄 뿐만 아니라 도로의 평균적인 교통속도 증가에서부터 운전 시의 위험요소에 이르기까지 고도의 데이터 밀도 지도를 만드는 데 사용된다.

다른 한편으로는 이러한 센서들을 활용해 도로 위의 데이터를 끊임없이 모으고 수집된 정보를 인공지능을 통해 모델링함으로써 최적의 자율주행 기술을 만드는 데 사용될 것이다.

결국에는 완전자율주행차 시대가 오면 자동차가 스마트폰을 대체하면서 새로운 서비스 플랫폼으로 거듭날 수 있을 것이다. 휴대폰이 인터넷에 연결되면서 새로운 플랫폼 비즈니스의 기회가 왔듯이 자동차가 인터넷에 연결되면 보다 더 새로운 플랫폼 비즈니스가 다가올 것이다. 즉 스마트폰으로 택시를 부르고, 물건을 쇼핑하고 결제를 하면서 다양한 산업영역이 혁신된 것처럼, 자동차에서도 모바일에서의 경험과 다른 서비스들을 선보이면서 비즈니스 모델의 혁신이 이루어질 수 있을 것이다. 무엇보다 다양한 인포테인먼트 서비스를 차량 내에서 즐길 수 있게 될 것이다.

언택트 라이프라 쓰고, 오프라인의 온라인화라고 읽는다

코로나19로 인해 일, 의사소통, 관계에서 새로운 방식이 등장하고 있다. 온라인을 통한 소비, 재택근무, 비즈니스, 교육 등 언택트 비즈니스가 전통적인 오프라인 비즈니스를 대체하면서 일상화되고 있다.

코로나19 사태로 타인과의 접촉을 최대한 피하려는 언택트 라이프가 확산되고 있다. 이에 따라 일하고, 여가를 보내고, 소비하고, 배우고 가르치는 등 일상의 모든 방식과 행태에서 언택트의 중요성과 비중이 더 커지고 있다. 이는 곧 오프라인의 시간과 공간의 제약에서 벗어나 온라인화가 일상화되는 것이다.

이러한 언택트 바람이 불면서 온라인 유통 분야는 호황을 맞고 있다. 몇 년 전부터 서서히 변해가고 있던 우리의 소비행태가 코로나19의 영향으로 오프라인에서 온라인으로 옮겨가고 있는 속도가 빨라지고 있다. 무엇보다 온라인 유통이 생필품 구매 목적으로 활용되고 있다.

이에 따라 대표적 생필품 카테고리 중 하나이면서 온라인 유통

침투율이 낮은 신선식품의 주문량이 폭증하고 있다. 또한 기존 오프라인 활동을 주로 하던 50대 이상 중장년층들의 소비가 온라인으로 옮겨가고 있다.

코로나19 사태 이후
온라인화의 파고가 거세다

온라인 유통의 증가로 택배 배송 서비스가 확대되고 있을 뿐만 아니라 풀필먼트(Fulfillment)용 물류센터 등의 투자가 활발하게 이루어지고 있다. 또한 오프라인 유통의 거점을 물류의 거점으로 활용하는 사례가 늘어날 것이다. 소비자들의 습관화와 편리성 인식으로 온라인 유통으로의 구조적인 변화는 코로나19 이후에도 지속적으로 확대될 것으로 예상된다.

전 세계적으로 지급결제 문화에도 지각변동이 일어나고 있다. 소비행태가 변화되는 환경에서 현금·카드 등 실물 결제수단을 통한 감염우려가 증대됨에 따라 비접촉식 결제수단 이용과 비대면 온라인 결제가 코로나19 발생 이전보다 대중화되고 있다. 앞으로 현금결제는 감소하고, 디지털 기반의 지급 결제수단 확대가 더욱 분명해지고 있다.

특히 오프라인에서도 정보통신(IT) 기술을 이용해 대면접촉을 최소한으로 줄이는 언택트 라이프가 확산되고 있다. 결제 시 줄을 설 필요가 없으면서 대면결제 역시 이뤄지지 않는 O4O(Online for

Offline, 온라인 데이터 및 서비스를 오프라인 활동에 결합하는 것) 서비스가 활발하게 적용되고 있다. 이는 곧 오프라인 결제의 온라인화를 의미하며, 온라인 결제업체에 긍정적인 영향을 미칠 것이다.

또한 사회적 관습과 효과성 측면에서의 의문 등으로 인해 보편화되지 않았던 재택(원격)근무도 점점 확산되고 있다. 특히 재택근무가 어려웠던 이유 중 하나는 일이 잘 안 될지도 모른다는 걱정과 집에서의 업무 프로세스가 익숙하지 않은 데 있었는데, 코로나19로 재택근무가 가능한 모든 기업들이 원격근무를 강제 학습하고 있다. 즉 그동안 사무실에서 이루어졌던 업무 수행 방식을 바꾸는 거대한 실험이 시작된 것이다.

코로나 이후를 이해할 수 있는 키워드, 언택트 라이프

한 번 학습된 재택근무의 장점을 코로나19 이후에도 버리지 않을 가능성이 높아짐에 따라 재택근무와 원격회의가 일상화될 수 있을 것이다. 이에 따라 재택근무 관련 기술은 지속적으로 발전하고, 직접 만나 회의를 하는 대신 화상회의를 하는 횟수도 늘어날 것이다. 기업들은 사무실 규모를 대폭 축소하게 되고, 결국 상업용 부동산 시장은 급격히 침체될 것이다. 또한 미팅 하나만을 목적으로 다른 나라를 방문하는 것이 꼭 필요하지 않다는 사실을 깨달았기 때문에 출장문화에서도 변화가 예상된다.

또한 코로나19 확산 방지를 위해 우리나라를 비롯해 미국, 유럽 등에서 학교수업을 원격수업으로 시행하고 있다. 이로 인해 보수적이었던 교육계에서 원격문화에 대한 수용성이 향상되었고, 원격수업이 확산되는 계기가 마련되었다. 향후에는 등하교 중심의 전통적 교육시스템을 온라인 기반 시스템으로 혁신하기 위한 인프라가 구축될 것이며, 온라인교육이 일상화됨에 따라 고품질의 온라인 교육 콘텐츠 수요도 확대될 것이다.

한편 온라인의 가상세계와 오프라인의 현실세계 융합으로 경계가 사라지는 O2O(Online to Offline) 세상에서 가상현실(VR)과 증강현실(AR)은 교육, 여행, 운동, 놀이 등 인간의 삶 대부분의 영역을 결정적으로 바꿔놓을 것이다. 무엇보다 코로나19 같은 특정상황으로 인해 현실공간에서 충족시키기 어려운 수요가 생길 때도 가상현실과 증강현실은 효과적 대안으로 활용될 수 있을 것이다.

이렇듯 언택트 라이프의 일상화로 자연스럽게 인터넷과 게임을 접하는 시간이 늘어남에 따라 온라인동영상서비스(OTT), 게임 등의 콘텐츠 소비가 증가하고 있다.

이러한 언택트 라이프로 전 세계적인 팬덤을 기반으로 한 K-POP 쪽에선 기술을 기반으로 한 새로운 콘서트 형식을 만들고 있다. SM엔터테인먼트 소속 그룹인 슈퍼엠(SuperM)은 온라인 전용 유료 콘서트 '비욘드 라이브(Beyond Live)'를 선보여, 120분 1회 공연(7만 5,000여 명 접속)으로 약 25억 원의 수익을 냈다.

온라인 공연은 기존의 무대와 관객과의 거리를 없애고, 실시간 쌍방향 소통과 아티스트의 클로즈업 연출 등으로 문화콘텐츠 생산

방식과 소비자들의 문화소비 방식에 대전환을 가져왔다. 향후에는 온라인 라이브 콘서트가 오프라인 공연을 완전히 대체하긴 어렵겠지만 O2O 서비스로 더욱 확대될 것이다.

또한 최근 주요 대형 유통업체들이 실시간 판매 플랫폼 제작에 나서면서 라이브 커머스(상품을 온라인 스트리밍 방송을 통해 실시간으로 소개하면서 소비자에게 판매하는 방식) 시장이 더욱 더 커지고 있다. 그동안 라이브 커머스는 인스타그램, 페이스북 등 소셜 네트워크 서비스(SNS) 플랫폼에서 영향력 있는 개인들이 상품을 판매하는 형태가 주를 이뤘지만, 언택트 라이프의 일상화로 대형 유통업체들의 또 다른 판매채널로 활용될 것이다. 이에 따라 언택트 라이프의 제품과 서비스 시장이 향후 본격적으로 성장할 것으로 예상되며, 이를 제공하는 업체들이 호황을 누릴 것으로 기대된다.

이동통신의 진화로 살펴본
비즈니스 패러다임 변화

3G는 음원 콘텐츠를, 4G는 영화 등을 다운로드에서 스트리밍으로 전환시킴에 따라 미디어의 핵심 비즈니스 모델을 광고에서 디지털 구독으로 바꿔놓았다. 향후 5G는 게임을 다운로드에서 스트리밍으로 전환시켜 게임구독 서비스가 가능한 환경이 도래할 것으로 예상된다.

1996년 1월 1일 우리나라가 세계 최초로 CDMA 기술 상용화를 성공시키면서 2G시대를 열었다. 2G를 통해 휴대폰에서 문자 메시지 전송이 가능해지면서 엄지손가락으로 쉴 새 없이 키패드를 두드리는 사람을 일컫는 '엄지족'이라는 신조어가 탄생했다.

WCDMA(광대역 코드분할 다중접속)는 단말기 하나로 세계 어디서나 무선통신이 가능하게 하는 기술로, 이를 통해 멀티미디어 통신이 가능해졌다. 즉 3G에서는 인터넷을 사용해 동영상을 주고받는 것도 가능해졌으며, 휴대전화로 동영상을 시청하거나 온라인 게임에도 접속할 수 있었다. 애플 아이폰과 삼성 갤럭시는 WCDMA 통신망을 사용한 스마트폰을 출시했다.

이어 3G가 음악감상 방법을 바꿔놓았다. 과거 테이프가 레코드

판을 대신하고, CD가 테이프를 몰아내고, MP3가 CD를 대체했는데, 이것은 저장장치가 달라진 것일 뿐 어딘가에 음악을 저장했다가 꺼내서 전용 플레이어를 통해 듣는다는 점에서는 같은 개념이었다. 하지만 스마트폰에서는 기기에 저장해서 듣는 소유의 방식이 아니라 스트리밍 방식으로 음악을 듣기 시작했다. 즉 음원 콘텐츠 비즈니스의 패러다임이 변화된 것이다.

핵심 비즈니스 모델이
광고에서 디지털 구독으로 이동

2011년에는 4G LTE 서비스가 시작됨에 따라 동영상과 같은 멀티미디어를 자유롭게 다운로드 받고 스트리밍을 통해 이용할 수 있게 되었다. 이에 따라 언제 어디서든 인터넷 접속이 가능해졌고, 실시간으로 동영상도 시청할 수 있게 되면서 스마트폰 핵심 서비스가 동영상으로 자리 잡았다. 그리고 이동통신 기술을 활용해 SNS나 다양한 O2O 서비스(차량공유, 숙박공유 등), 금융, 건강, 교통 등 생활 곳곳에 새롭고 편리한 서비스가 생겨났다.

무엇보다 4G는 미디어 지형을 바꿔놓았다. 과거 신문에 실린 TV 편성표에서 보고 싶은 프로그램에 동그라미를 치고, 학원에 갔다가 TV를 보기 위해 시간에 맞춰 집으로 뛰어들어오던 시절이 있었다. 이렇듯 제약이 많고 형식이 정해져 있는 공중파 프로그램 대신 언제 어디서나 콘텐츠를 검색하고 꺼내 볼 수 있고, 시청자가 좋아할 것

같은 콘텐츠 추천 기술이 있는 OTT 서비스가 각광을 받고 있다. 이는 곧 미디어의 핵심 비즈니스 모델이 광고에서 디지털 구독으로 이동한 것을 의미한다.

미디어는 전통적으로 네트워크(케이블TV, IPTV, 위성방송 등)와 셋톱박스가 결합한 상품의 패키지 판매에 의존하고 광고료를 수익의 원천으로 삼았으나 광고와 시청 데이터가 구글과 페이스북에 의해 독점되면서 살아남기 힘들어졌다. 따라서 미디어도 소비자에게 직접 구독료를 받는 비즈니스 모델로 변신하고 있는 중이다.

LTE를 상용화한 지 8년 만에 우리나라는 세계 최초로 5G 서비스를 상용화했다. 5G는 넓은 주파수 폭을 활용해 LTE보다 수십~수백 배 빠른 속도를 구현할 뿐만 아니라 초저지연이라는 특성이 있다.

'초고속, 초저지연, 초연결'의 특징을 갖춘 5G는 콘텐츠 측면에서는 실시간 동영상이 지금보다 강화될 것이고, 초고화질 영상전송이 가능하기에 가상현실(VR), 증강현실(AR), 홀로그램 등의 영상방식이 대세로 자리잡을 수 있을 것이다. 자율주행이나 공장자동화 등 4G 때는 상대적으로 활용도가 낮았던 산업군에서도 지금보다 훨씬 더 활발하게 통신기술을 활용할 것이다. 무엇보다 폭발적으로 증가하는 센서와 센서로부터 수집되는 데이터를 이용해서 AI와 결합된 다양한 서비스들을 접할 수도 있다.

특히 게임의 경우 과거에도 일부 구독서비스가 존재하긴 했지만 통신기술의 한계로 크게 주목받지는 못했다. 그러나 5G 출현으로 클라우드 게임이 생겨남에 따라 게임 구독 서비스가 가능한 환경이 도래하고 있다.

클라우드 게임은 PC 또는 스마트폰에 게임을 설치할 필요 없이 스트리밍 방식으로 게임을 즐기는 것으로, 저사양 PC는 물론 모바일에서도 고사양 게임을 즐길 수 있을 뿐만 아니라 게임 이용자가 최신게임을 하기 위해 PC, 스마트폰, 콘솔게임기를 교체할 필요가 없다. 음원, 영화 등이 다운로드에서 스트리밍으로 전환했듯이 게임에도 그대로 적용되는 셈이다.

콘텐츠의 중요성 등이
한층 더 강화

이러한 클라우드 게임에 대해 구글, 마이크로소프트, 아마존은 각각 다른 비즈니스 모델을 채택했다.

구글의 경우 이용자들은 구글의 클라우드 게임 플랫폼에서 원하는 게임을 각각 구매해 이용하면 된다. 이 방식은 게임 개발사 입장에서는 새로운 유통채널이 추가적으로 하나 더 생기는 것일 뿐, 기존 비즈니스 모델에 타격을 주지 않는다.

반면에 마이크로소프트는 구글과 달리 월정액을 내면 모든 게임을 이용할 수 있는 넷플릭스 방식을 채택했다. 이러한 방식이 보편화되면 기존의 게임 비즈니스 모델이 완전히 탈바꿈된다. 이에 따라 오리지널 콘텐츠 전략의 일환으로 마이크로소프트가 75억 달러를 들여 베데스다를 인수했다.

아마존은 스팀 방식도, 넷플릭스 방식도 아닌 채널을 구독하는 방식을 선택했다. 즉 아마존은 저렴한 가격의 기본 요금제를 통해 일부 게임을 제공하고 더 많은 게임을 채널 형태로 추가구독하는 방식을 채택했다. 가령 루나 플러스 채널은 월 5.99달러에 제공되는 기본 채널이며, 이와 함께 추가 요금이 필요한 유비소프트 채널들을 활용하는 것이다.

현재 클라우드 시장의 Big3 업체인 구글, 마이크로소프트, 아마존 각각의 단말기에 갇혀 있는 게임시장이 클라우드로 넘어올 경우 단순히 게임이 아닌 전체 클라우드 시장을 지배할 수 있기 때문에 향후 행보가 빨라질 것으로 예상된다.

이는 곧 게임의 비즈니스 모델이 음원이나 영화처럼 구독 서비스로 변화되는 패러다임의 전환으로, 게임 콘텐츠의 중요성이 한층 더 강화될 것으로 예상된다.

다가올 3년, 꼭 사야 할
디지털뉴딜 관련 투자 유망주

솔루션 - 삼성에스디에스, 현대오토에버, 포스코ICT, 롯데
　　　　　정보통신, HDC아이콘트롤스, 한컴MDS

인프라 - 케이아이엔엑스, 더존비즈온, 웹케시, 기가레인

보안 - 파이오링크

하드웨어 - 엑시콘, 월덱스, 싸이맥스, 인텍플러스

AI - 라온피플

데이터 - NICE평가정보

결제 - NHN한국사이버결제, KG모빌리언스

콘텐츠 - 펄어비스, 스튜디오드래곤, 에이스토리, 미스터블루

플랫폼 - 카카오, 네이버

신선식품 - 지어소프트

재택근무 - 알서포트

오프라인제품 - 에코마케팅, 브랜드엑스코퍼레이션

홈코노미 - 한샘

삼성에스디에스(018260)

- 삼성그룹 계열의 IT 시스템 통합 서비스 업체
- 디지털뉴딜이 성장 모멘텀

코로나19로 인한 감염확산을 막기 위해 일, 의사소통, 관계에서 새로운 방식이 등장하고 있다. 온라인을 통한 소비, 재택근무, 비즈니스, 교육 등 비대면 인간관계가 전통적인 오프라인 인간관계를 대체하면서 일상화되고 있다.

여기에서 빅픽쳐(Big Picture)는 오프라인의 온라인화에 있다. 이러한 오프라인의 온라인화를 위해서는 디지털 트랜스포메이션이 필요하다. 이에 따라 코로나19 이후에는 생산과 소비 측면에서 디지털 트랜스포메이션이 가속화될 것으로 예상된다.

무엇보다 이러한 생산과 소비를 연결해주는 스마트물류의 중요성이 커짐에 따라 삼성에스디에스의 스마트물류 플랫폼인 첼로의 확대가 예상된다. 첼로는 전 세계 40여 개국, 60여 개 운영거점의 다양한 물류 파트너의 네트워크를 활용해 최적의 운송수단과 배송사를 선별해서 글로벌 셀러들에게 연결하는 플랫폼이다.

삼성에스디에스의 경우 관계사들을 기반으로 다년간 클라우드, 스마트팩토리, 스마트물류 체제를 구축했으므로 디지털 트랜스포메이션 관련 시장 규모가 커지면서 수혜가 가능할 것으로 예상된다.

디지털뉴딜의 핵심 내용은 DNA생태계 강화, 교육인프라 디지털 전환, 비대면 산업 육성, SOC 디지털화 등 4가지로 나뉜다. 이러한 디지털뉴딜 가운데서도 삼성에스디에스는 분석 플랫폼을 활용한 데이터, 클라우드·데이터센터 설계·구축·운영, K사이버 보안체계, AI·소프트웨어 인재양성 등의 사업에 참여를 모색할 것으로 예상된다. 이와 같은 디지털뉴딜 사업에 참여하면서 성장성이 가시화될 것이다.

코로나19로 디지털 트랜스포메이션 시장이 커지는 환경에서 정부의 디지털뉴딜 정책 추진으로 인한 성장성 가시화가 주가상승의 모멘텀으로 작용할 것이다.

현대오토에버(307950)

- 현대차그룹 계열의 IT 시스템 통합 서비스 업체
- 디지털뉴딜 및 전략사업 성장성 가시화

정부의 디지털뉴딜 정책 중 재정이 가장 많이 투입되는 과제는 데이터 댐이다. 데이터 댐은 물을 모아 방류하는 댐처럼 다양한 공공·민간 데이터를 모두가 이용할 수 있도록 하나의 형태로 가공해 모아두는 것을 뜻한다. 이러한 데이터 댐을 만들기 위해서는 데이터 허브가 필요하다. 데이터 허브는 다양한 데이터들을 통합해 이를 가공하고, 체계적으로 관리해 필요한 정보를 만드는 데이터 중심의 플랫폼이다. 다시 말해 기존의 데이터들을 다양한 방법으로 분석해 새로운 가치를 더해 활용할 수 있도록 하는 것이 데이터 허브의 역할이다.

이러한 환경에서 현대오토에버는 빅데이터를 수집·저장·처리할 수 있는 데이터 허브 플랫폼을 개발했다. 현재 베타 버전을 개발해 테스트중이며, 곧 출시할 예정이다. 이러한 데이터 허브는 빅데이터를 수집하고 활용하고자 하는 고객사에게 데이터를 제공할 뿐만 아니라 외부 데이터를 축적하고 활용할 수 있는 데이터 저장소의 역할도 수행할 예정이다.

데이터 저장소가 만들어지면 정부 주관의 데이터바우처 사업(데이터 판매·가공 공급기업을 모집하는 사업)에 참여해 자동차 주행 데이터를 그룹사와 협력사 등에 제공할 수 있게 된다. 결국에는 현대오토에버의 데이터 허브 플랫폼이 인공지능(AI)과 사물인터넷(IoT)을 통한 스마트홈, 자율주행차, 스마트팩토리 등에 활용할 수 있는 데이터를 생산하면서 향후 성장성이 가시화될 것이다.

현대오토에버는 글로벌 One IT, 스마트모빌리티, 스마트팩토리, 스마트홈·빌딩 등 전략사업을 중심으로 실적 성장을 지속할 것으로 예상된다. 스마트모빌리티 관련 사업의 범위를 지속해서 늘려왔으며, 그 중에서도 차세대 지능형 교통체계(C-ITS) 관련 사업을 적극적으로 추진하고 있다. 또한 완성차 및 부품 제조 경쟁력을 강화하기 위해 자동차 산업에 스마트팩토리 ICT 통합 솔루션 제공을 준비하고 있다.

한편 현대차그룹은 서울 강남구 삼성동에 신사옥 글로벌비즈니스센터(GBC)를 신축할 계획을 가지고 있는데, 이와 관련해 현대오토에버는 건설 및 운영단계에서의 관련 수주가 향후 가시화될 것으로 예상된다.

현대차그룹 디지털 트랜스포메이션이 가속화되는 환경에서 정부의 디지털뉴딜 정책 추진으로 인한 성장성 가시화가 현대모토에버 주가상승의 모멘텀으로 작용할 것이다.

포스코ICT(022100)

- 포스코그룹 계열의 IT 시스템 통합 서비스 업체
- 스마트물류·스마트팩토리 성장성 가시화

2020년 8월 포스코ICT는 한진이 발주한 대전 Mega-Hub 물류자동화 설비 구축 프로젝트 최종 대상업체로 선정되었다. 이에 따라 2023년 2월 28일까지 약 1,070억 원 규모로 택배자동분류기, 3D 자동스캐너 등 첨단 물류자동화 설비를 도입해 상하차 및 분류 작업 시간을 단축함으로써 생산성을 극대화할 수 있는 최신 물류센터 설비를 구축할 예정이다.

또한 기존 인천공항 BHS(수하물처리시스템) 구축을 기반으로 인천공항 제2여객터미널 4단계 BHS(수하물관리시스템) 구축사업과 국내공항 BHS 개선사업을 수주할 예정이다.

무엇보다 2020년 6월 포스코플랜텍의 계열 제외를 계기로 가공센터의 창고무인자동화, 제철소 원료이송설비 등과 더불어 연내 출범이 예상되는 포스코의 물류기업으로 인해 포스코의 제철소 부두하역설비 구축·운영 업무 등 Captive Market의 물류시장이 더욱 확대될 것으로 예상되면서 수혜가 기대된다. 이에 따라 향후 스마트물류가 포스코ICT의 새로운 성장동력으로 자리매김할 수 있을 것이다.

포스코그룹은 포스프레임(PosFrame)으로 철강제품 생산과정에서 발생되는 대량의 데이터를 관리하고 분석함에 따라 생산성 향상, 품질예측, 설비고장 예방 등으로 경쟁력을 강화할 방침이다. 이에 따라 2018년부터 열연 공정에 연계된 제강, 연주, 냉연, 스테인리스 냉연 등 전후 공정에 포스프레임을 확대중에 있다.

현재 포스프레임 플랫폼은 포스코의 20개 공장에 적용되어 있으며, 2022년까지 66개 공장의 스마트화 전환을 추진중에 있다. 이와 더불어 포스코 계열사 신증설 공장 등에도 스마트팩토리를 적용하고 있다.

이러한 Captive 외에도 Non-Captive 스마트팩토리 관련 수주도 증가하고 있어서 스마트팩토리 관련 매출의 성장이 지속될 수 있을 것으로 예상된다.

롯데정보통신(286940)

· 롯데그룹 계열의 IT 시스템 통합 서비스 업체
· 디지털뉴딜 및 트랜스포메이션으로 성장성 가시화

정부의 디지털뉴딜 정책 추진 등과 관련해 롯데정보통신은 분야별로 수행할 역량을 가지고 있다. 즉 데이터 댐(온·오프라인 유통 빅데이터 및 자체 AI 솔루션 보유), 스마트의료(종합병원시스템 및 웰니스 솔루션 보유), 그린 스마트스쿨 및 스마트그린 산업(학교 스마트단말 사업 확대 및 탄소배출·에너지관리 솔루션 보유), SOC 디지털화(철도 IT분야 및 스마트시티 사업 다수 참여) 등의 역량을 가지고 있다. 이에 따라 롯데정보통신의 성장성은 가시화될 것이다.

롯데정보통신은 스마트팩토리, 스마트물류, 스마트리테일을 아우르는 롯데그룹 차원의 디지털 트랜스포메이션 플랫폼을 구축해 그룹사의 온·오프라인 데이터를 유기적으로 연계하고, 이를 인공지능·빅데이터 기반으로 분석해 새로운 비즈니스 인사이트를 확보하는 스마트 에코시스템을 구축할 예정이다. 2019년에는 계열사별로 테스트 마케팅을 적용했다면, 2020년은 다른 그룹 및 다른 산업과 연계하는 원년이 될 것이다.

이에 따라 스마트팩토리의 경우 제과·주류 등 식품 관련 그룹사의 수주가 본격화될 것이며, 스마트물류는 롯데글로벌로지스 등의 물류 최적화를 위한 물류센터 자동화 등으로 매출상승을 도모할 수 있을 것이다. 또한 스마트리테일의 경우 온라인화되면서 빅데이터 플랫폼, 온라인 커머스 시스템 구축이 지속적으로 발생할 수 있을 것이다.

무엇보다 이러한 디지털 트랜스포메이션 기저에는 클라우드 환경이 조성되어야 한다. 클라우드 사업의 경우 2019년 말 기준 롯데그룹 클라우드 전환율이 30%에 불과하기 때문에 향후 전환율이 가속화되면서 IDC사업도 성장을 도모할 수 있을 것이다.

IDC사업의 경우 현재 서울, 대전, 용인에 3개 데이터센터를 운영

중이며, 4센터가 2020년 완공된 이후 2021년부터 본격적으로 가동되면서 매출상승이 예상된다.

이렇게 롯데그룹 디지털 트랜스포메이션이 가속화되는 환경 하에서 정부의 디지털뉴딜 정책 추진으로 인한 성장성 가시화가 주가상승의 모멘텀으로 작용할 것이다.

HDC아이콘트롤스(039570)

- HDC그룹 계열의 IT 시스템 통합 서비스 업체
- 디지털 SOC 성장성 가시화

디지털 SOC는 기존 SOC에 인공지능·사물인터넷·5G 같은 디지털 기술을 접목하는 것이다. 우선, SOC 디지털화는 크게 투 트랙으로 추진된다. 먼저 교통, 수자원, 공동구, 재난대응 등 4대 핵심시설을 디지털로 안전하게 관리하는 것이다. 다른 하나는 도시와 산업단지를 디지털화하고 스마트물류 체계를 구축하는 쪽으로 진행된다. 이러한 디지털 SOC의 경우 스마트시티 등 민간사업과 연계되면서 사업을 확장해나갈 것으로 예상됨에 따라 디지털 SOC 관련 시장 규모가 향후 더욱 더 커질 것으로 기대된다.

HDC아이콘트롤스의 경우 그동안 디지털 SOC와 관련해 HDC현대산업개발과 연계하면서 도로ITS, 철도E&M, 항만TOS 등의 솔루션을 제공했다. 이러한 환경에서 2020년 6월 HDC아이콘트롤스는 HDC현대산업개발과 퀄컴과 함께 스마트시티 모델 공동개발·스마트홈 및 스마트 건설 솔루션 융합개발을 위해 협력하기로 했다. 퀄컴은 5G·사물인터넷 기술을 바탕으로 글로벌 스마트시티 생태계 구축 등 다양한 경험을 보유하고 있어 HDC현대산업개발이 만드는 복합개발 사업지에 HDC아이콘트롤스의 스마트시티·스마트 건설기술을 적용할 것으로 기대된다.

무엇보다 HDC현대산업개발이 아시아나항공 인수가 무산되면서 광운대 역세권과 용산 철도병원 부지개발이 속도를 낼 전망이다. 광운대 역세권 개발사업의 경우 노원구 월계동 85-7번지 일대 한국철도공사 소유 철도와 물류시설 부지, 국공유지를 3,000가구 규모의 주거시설과 상업시설로 탈바꿈시켜 동북권 랜드마크로 조성한다는 계획이다.

또한 2019년 8월 HDC현대산업개발은 용산구와 철도병원 부지 개발사업의 사업협약을 체결했다. 서울 용산구 한강로3가 65-154번지 일대 1만948m^2의 부지를 개발하는 사업으로, 부지 내 용산철도병원 본관은 기부채납해 지역사 박물관 등으로 활용할 예정이다. 잔여부지에는 아파트, 오피스텔, 상업시설 등으로 구성된 연면적 6만여m^2 규모의 주거복합단지가 조성되어 서울시 주택난 해소에도 도움이 될 것으로 예상된다.

이와 같은 개발사업에 디지털 SOC 관련하여 HDC아이콘트롤스의 첨단기술이 도입될 것으로 예상됨에 따라 향후 성장성이 가시화될 것이다.

결론적으로 정부의 디지털뉴딜 정책추진으로 디지털 SOC 시장

규모가 커지는 환경 하에서 HDC현대산업개발의 대규모 개발사업 등으로 HDC아이콘트롤스의 디지털 SOC 관련사업의 성장성이 가시화될 것이다.

한컴MDS(086960)

- **임베디드 시스템 개발 및 관련 솔루션 업체**
- **디지털뉴딜은 우호적**

제4차 산업혁명으로 초소형 센서에서 대규모 인프라까지 임베디드 시스템이 산업 전 영역에서 널리 활용될 것이다. 기기의 수와 생산되는 데이터 양의 폭발적인 증가로 인해 임베디드 기기들은 유무선 네트워크를 통해 서로 통합되고 상호 연동되면서 제4차 산업혁명의 진원지 역할을 할 것이다. 이와 같이 제4차 산업혁명 시대의 도래로 임베디드 시스템 산업의 성장은 향후 가속화될 것으로 예상된다.

무엇보다 디지털 분야에 대한 대규모 투자인 디지털뉴딜은 5G 인프라를 조기구축하고, 데이터를 수집·축적·활용하는 데이터 인프라를 구축하는 환경에서 교육·의료 등 비대면 산업을 집중적으로 육성한다. 이러한 디지털뉴딜 정책으로 관련 솔루션의 수요 증가가 예상됨에 따라 한컴MDS에 긍정적인 영향을 미칠 것이다.

따라서 한컴MDS의 제4차 산업혁명과 디지털뉴딜 관련 빅데이터(Splunk 등), AI(Nvidia 등) Automotive(자율주행), IoT(NeoIDM 등),

Robot(물류·서비스), Cloud (Azure) 등의 솔루션 매출성장이 본격화되면서 2021년부터 실적 턴어라운드가 가시화될 것이다.

한편 한컴모빌리티는 사물인터넷 기반 공유주차 기업이다. 사물인터넷 센서를 통해 주차공간 내 실시간 입·출차를 감지하는 등 주차정보를 제공하는 파킹프렌즈를 운영하고 있다. 파킹프렌즈 이용자는 2020년 들어 매달 30%씩 늘어 4만 6,000명이 이용하고 있으며, 2020년 안에 10만 명 돌파가 목표다. 이에 따라 향후 성장성이 가시화될 것이다.

케이아이엔엑스(093320)

- 토털 인터넷 인프라 전문기업
- IDC와 클라우드 허브로 성장성 가시화

케이아이엔엑스는 지난 2000년에 설립된 인터넷 인프라 전문기업으로 중립적 인터넷회선연동(IX: Internet eXchange) 서비스를 시작으로 IDC(Internet Data Center), CDN(Contents Delivery network), 클라우드 솔루션 등 토털 인터넷 인프라서비스를 제공하고 있다.

IDC는 아웃소싱의 형태로 기업의 의뢰를 받아 그 기업의 인터넷 비즈니스를 물리적인 안정성과 네트워크 확장성을 갖추어 서버와 네트워크를 제공하고, 의뢰한 기업에서 생산된 콘텐츠를 일반 대중과 사업자에게 인터넷을 통해 전달해주는 인터넷 인프라 서비스를 말한다.

케이아이엔엑스는 설립 초기부터 IX서비스를 위해 구축한 서울시 강남구 도곡동에 소재한 자체 IDC도곡센터를 중심으로 수도권 지역 7개의 IDC를 구성해 각 센터 간 네트워크 POP을 설치했으며, 각 센터를 통해 IX, 코로케이션, 클라우드, CDN서비스를 안정적으로 제공하고 있다.

이와 같은 IDC의 경우 서버와 네트워크 장비를 둘 수 있는 공간 임대·관리서비스 등과 더불어 데이터 사용량에 연동되어 수익을 확보할 수 있다. 이에 따라 일정한 CAPA 하에서는 고객사의 데이터 사용량 증가 여부가 케이아이엔엑스 수익성에 지대한 영향을 미칠 것이다. 이에 따라 데이터 사용량이 증가하면서 케이아이엔엑스는 언택트 트렌드로 지속적인 성장이 가능할 것이다.

한편 케이아이엔엑스는 과천에 2023년 완공을 목표로 IDC 착공을 추진중이다. 이러한 CAPA 증설을 토대로 향후 매출성장성이 가시화될 것이다.

성장하고 있는 클라우드 시장에 맞춰 케이아이엔엑스는 클라우드 허브 사업을 확대하고 있다. 즉 인터넷 서비스 업체(ISP), 콘텐츠 서비스 사업자(CP) 등에게 제공하는 회선연동 서비스인 IX 피어링에 기반해 KT, NBP, AWS, MS, 구글, 오라클, IBM 등 국내외 주요 클라우드 서비스 사업자(CSP)들과 연계해 멀티(기업의 IT 자원과 퍼블릭 클라우드의 연결) 및 하이브리드(복수의 퍼블릭 클라우드를 통합 관리) 클라우드 환경을 구축할 수 있는 서비스를 제공하는 것이다. 이와 같은 연결성 증가가 클라우드 허브로 도약시키면서 향후 성장성이 가시화될 것이다.

　결론적으로 IDC시장이 성장하는 환경에서 언택트 트렌드로 데이터 사용량이 증가하면서 매출상승이 지속될 수 있을 뿐만 아니라 연결성 증가가 클라우드 허브로 도약하면서 성장성이 가시화될 것이다.

더존비즈온(012510)

- 기업용 솔루션 전문기업
- 클라우드 등 신규사업 성장성

　더존비즈온은 회계 프로그램뿐만 아니라 ERP, IFRS솔루션, 그룹웨어, 정보보호, 전자세금계산서 등 기업 정보화 소프트웨어 분야에서 필요한 각종 솔루션과 서비스를 제공하고 있다. 주요사업은 크게 기업정보화솔루션, 클라우드 서비스, 그룹웨어, 정보보안, 모바일솔루션, 전자금융서비스·전자세금계산서, 전자팩스 부문 등으로 나눌 수 있다.

　2019년 6월 고객 확대를 위해 세무회계 사무소용 WEHAGO T와 수임고객사용 WEHAGO T Edge 서비스를 출시했다. WEHAGO T는 세무회계 사무소의 업무와 비즈니스 전반을 클라우드로 제공하는 통합정보시스템이며, WEHAGO T Edge는 세무회계 사무소와 수임고객사 간의 업무소통이 쉽고 빠르며 더욱 편리해지도록 수임

고객사 측을 지원하는 정보시스템이다.

이를 통해 신규 고객들의 클라우드 채택과 더불어 기존 고객들의 클라우드 전환이 증가하면서 수익성 개선에 긍정적인 영향을 미칠 것이다. 2019년 말 기준으로 WEHAGO T 이용 세무사무소는 2,350개였으나 2020년에는 세무사무소 가입이 더욱 더 증가해 이를 바탕으로 2021년에는 WEHAGO T Edge의 성장이 본격화될 것으로 기대된다.

무엇보다 WEHAGO 플랫폼을 활용한 빅데이터를 기반으로 분석·학습시켜 가공한 후에 마켓플레이스에서 금융기관, 기업, 정부, 공공기관 등의 수요자가 정보를 조회하고 데이터를 구매해 신규 수익모델 창출이 가능할 것이다.

WEHAGO를 통해 클라우드, 빅데이터, 핀테크 등에서의 신규 비즈니스들이 서로 시너지 효과가 발휘되는 선순환 사이클에 진입하면서 성장성이 부각될 것이다.

더존비즈온은 WEHAGO 플랫폼 기반의 3가지 재택근무 통합서비스를 제공함에 따라 향후 WEHAGO 고객이 증가하면서 수혜가 예상된다.

웹케시(053580)

- B2B 금융 핀테크 플랫폼 업체
- 성장이 수익성 개선으로 연결

웹케시는 지난 1999년에 설립되어 B2B 핀테크 서비스와 비즈니스 소프트웨어를 주력사업으로 영위하고 있다. 주요 비즈니스는 모든 금융기관과 연결한 상태에서 기업과 공공기관의 내부시스템과 연계해 자금을 통합적으로 관리할 수 있도록 하는 B2B 금융 핀테크 플랫폼을 제공하는 것이다.

2020년 상반기 기준으로 제품별 매출비중을 살펴보면 인하우스뱅크 23.9%, 브랜치 23.3%, 경리나라 11.4%, SERP 25.3%, e금융사업 11.8%, B2B솔루션 및 기타 4.3% 등이다.

웹케시의 B2B 금융 핀테크 플랫폼은 금융기관과 ERP 시스템을 직접 연결해 기업의 업무와 금융을 하나의 플랫폼에 통합시킨 제품으로, 은행에 직접 방문하거나 데이터 작업을 여러 번 거치지 않고도 제품을 통해 금융업무(매출·매입 금액의 입금·출금 확인, 급여 등의 지불)를 할 수 있다. 또한 금융기관 거래내역, ERP 시스템의 매출·매입 내역 등의 데이터가 한 플랫폼에 축적되므로 기업 재무·자금 현황의 실시간 확인 및 분석이 가능하다.

이러한 B2B 금융 핀테크 플랫폼의 경우 고객 규모와 유형에 따라 공공기관·초대기업을 위한 인하우스뱅크, 중견·대기업용 브랜치, 중소·소기업을 위한 경리나라 등으로 구분된다. 무엇보다 클라우드 기반 SaaS 방식으로 사업구조가 전환되고 있어서 해를 거듭할수록 매출이 성장하게 되면 영업이익률이 증가할 것이다.

한편 2019년 지속적인 비즈니스 성장을 위하여 인하우스뱅크 4.0을 새로 출시했으며, SAP와 독립소프트웨어개발 파트너십을 체결했다. SAP에서는 구 버전을 사용하고 있는 국내 초대기업 1,000개를 대상으로 2025년까지 신 버전인 SAP S/4 HANA Platform으로 전환할 계획을 가지고 있어서 향후 SAP와의 파트너십을 통한 판매를 포함해 연간 100개 이상의 인하우스뱅크 순증 확대가 예상된다.

또한 지난 2018년 기존 SERP 서비스를 새롭게 개편해 경리나라를 출시했다. 2018년 말 기준 유료 고객 수 3,000여 개를 기록했으며, 2019년 말 누적 유료 고객 수 약 1만 3,000여 개를 기록했다. 이러한 고객 수를 기반으로 2020년부터 경리나라 매출성장이 본격화될 것으로 예상된다.

무엇보다 정부는 중소기업에게 B2B 솔루션 사용을 지원하는 K-비대면 바우처 플랫폼을 운영하고 있는데, 웹케시는 경리나라를 고객에게 10% 가격으로 제공할 수 있게 됨에 따라 고객 수 확대와 실적 성장에 수혜가 기대된다.

파이오링크(170790)

- NHN 계열의 네트워크 보안 전문기업
- 디지털뉴딜로 보안시장이 확대되면서 수혜

코로나19로 인한 언택트 환경으로 원격근무, 스트리밍 서비스, 온라인 쇼핑과 게임 사용량이 급증함에 따라 서버에 몰리는 트래픽 과부하를 해결하고 사용자에게 고품질로 중단 없이 안정적으로 전송하는 장비가 바로 ADC(Application Delivery Controllers)이다. 클라우드와 빅데이터 시대 트래픽 증가로 국내외 ADC 시장은 지속적으로 성장할 것으로 전망된다.

무엇보다 현재 기간망의 트래픽이 늘어나기 때문에 이에 따른 회선 대역폭 증설과 인프라 고도화가 반드시 필요해짐에 따라 파이오링크 ADC의 장비 업그레이드와 증설수요가 많아지면서 수혜가 가능할 것으로 예상된다.

파이오링크 클라우드 관리형 보안스위치의 경우 값비싼 보안 장비를 추가로 구매하지 않더라도 네트워크 스위치만으로 보안관제와 보안서비스를 받을 수 있다. 그뿐만 아니라 스위치에 전원과 인터넷 포트만 연결해주면 설치부터 장애처리 등 모든 관리를 원격으로 할 수 있기 때문에 엔지니어링 출장이 불필요하다.

이러한 장점으로 말미암아 지난 2018년부터 일본수출이 본격적으로 증가하고 있다. 무엇보다 제품과 서비스가 클라우드로 확장하는 시대적 흐름 속에서 일본에서의 매출처 및 유통망 확대로 해를 거듭할수록 매출성장이 가속화될 것으로 예상된다.

NHN과 관계사 대상 보안관제서비스를 시작으로 대외 원격관제와 파견관제, 하이브리드 보안관제서비스까지 다각화하면서 공공, 금융, 대기업 등 다양한 고객군을 확보했다. 이에 따라 해를 거듭할수록 보안관제, 보안컨설팅 등 보안서비스가 파이오링크 매출성장을 견인하고 있다.

무엇보다 보안관제와 보안컨설팅 특성상 고정비 비중이 높기 때문에 일정수준의 매출에 도달하기까지는 적자가 불가피한데,

2019년부터 매출성장이 본격화되면서 흑자전환되었으며, 2020년에도 매출성장을 이끌면서 영업레버리지 효과로 수익성 개선이 본격화되었다.

무엇보다 대주주인 NHN의 토스트(TOAST) 사업 본격화로 파이오링크의 클라우드 보안사업의 성장성이 가시화될 것이다. 파이오링크는 토스트 클라우드 이용자의 높은 보안요구를 만족시키고 서비스 가용성을 높이기 위해 보안관제와 웹 방화벽을 제공하고 있을 뿐만 아니라 클라우드 환경에 특화된 다양한 보안컨설팅 서비스도 제공할 예정으로 NHN과의 시너지 효과가 본격화될 것이다.

디지털뉴딜은 데이터 인프라 확대를 통한 비대면 산업을 육성하는 것으로, 이와 같은 디지털 인프라 확대로 말미암아 보안시장이 성장할 것으로 예상된다. 파이오링크의 경우 보안 솔루션과 보안관제, 보안컨설팅 등을 사업영역으로 하고 있기 때문에 디지털뉴딜의 수혜가 가능할 것이다.

기가레인(049080)

- RF통신, 5G 이동통신 장비, 반도체 공정장비 사업 등을 영위
- 5G 수출 및 LED 투자확대의 수혜

기가레인은 지난 2000년 국내 최초의 고주파 RF 이동통신 연구벤처로 설립되었으며, 국방·항공·모바일 기기 분야와 관련된 RF

통신사업, 5G 이동통신 장비, LED Etcher를 주력으로 하는 반도체 공정장비 사업을 영위하고 있다. 2020년 상반기 기준 매출 비중을 살펴보면 RF통신 42.0%, 반도체 장비 26.9%, 반도체 장비 유통 20.5%, 기타 10.7% 등이다.

5G 기지국 안테나는 실내·외 5G 이동통신 기지국 장비에 탑재되어 단말기와 무선신호를 송수신하는 장치다. 5G 기지국 안테나는 5G 서비스의 성능과 속도를 위한 가장 중요한 제품 중 하나라 할 수 있다. 기가레인은 이러한 5G 기지국 안테나모듈 사업을 위해 지난 수년간 연구개발 인프라와 베트남 생산 인프라를 구축함에 따라 삼성전자와 5G 기지국 안테나모듈 사업 등을 진행하면서 2020년 해당 제품의 첫 양산을 시작했다.

무엇보다 현재 북미, 유럽, 미국, 남미, 뉴질랜드 등에서 해외 통신사업자와 과제가 진행중에 있는데, 2021년부터 이에 대한 양산이 본격화되면서 기가레인의 안테나모듈 매출상승이 가속화될 수 있을 것이다.

또한 기가레인은 삼성전자와 5G 기지국 장비용 커넥터·케이블 사업 등을 진행하고 있다. 2021년에는 5G 장비에 대한 수출이 증가하면서 커넥터·케이블 매출성장이 가시화될 것이다.

나노 임프린터(Nano Imprinter)는 마이크로·나노 LED 등 반도체와 디스플레이에서 활용되는 장비로서, 원하는 패턴이 형성된 Mold를 기판에 찍어 각인시키는 방식으로 패턴을 형성한다.

현재 패턴 형성 공정은 대부분 노광장비를 활용한 포토리소그래피 방식으로 진행되고 있으나, 임프린터를 활용할 경우 투자비 절감(장비가격, 유지보수 비용 등) 및 생산성 향상이 가능해진다. 즉 기존의 포토 장비와 다른 점은 코팅, 노광, 현상 등의 포토공정이 모두 탑재되어 있기 때문에 공정과 웨이퍼 생산단가를 크게 절감할 수 있다는 것이다. 범용성과 더불어 20nm 수준의 미세가공이 가능해 $200{\sim}300\mu m$ 수준의 미니LED와 $100\mu m$ 이하의 마이크로LED를 모두 커버할 수 있다.

2021년의 경우 미니·마이크로 LED 관련 투자가 확대될 것으로 예상됨에 따라 수혜가 가시화될 것이다.

그동안 기가레인의 실적은 미중 무역전쟁 등으로 인한 반도체 공정·유통장비 등의 매출이 감소하면서 부진했다. 그러나 2021년부터 5G 안테나모듈 수출 등으로 매출성장이 가속화되면서 실적 턴어라운드가 가시화될 것이다.

또한 미니·마이크로 LED 관련 투자가 확대될 것으로 예상됨에 따라 기가레인의 수혜가 가시화되면서 성장성이 부각될 것이다.

엑시콘(092870)

- 반도체 검사장비 업체
- 2020년 하반기 실적개선 가속화, 2021년 사상최대 실적

엑시콘은 지난 2001년에 설립된, 반도체의 성능과 신뢰성을 검사하는 반도체 검사장비 업체이다. 2020년 상반기 기준으로 매출

비중을 살펴보면 메모리 테스터 61.5%, SSD 등 스토리지 테스터 38.5% 등이다.

2019년의 경우 주요 고객사인 삼성전자의 반도체 양산이 줄어들면서 엑시콘의 매출도 감소하며 적자전환했다. 2020년 상반기의 경우에도 비슷한 상황이 지속되었다.

그러나 코로나19 사태로 인해 인터넷 서버 시장 급증으로 SSD 수요가 증가하면서 관련 테스터 장비 공급 물량이 2020년 하반기부터 급속도로 늘어나고 있다. 무엇보다 엑시콘은 SSD 관련 테스터를 삼성전자와 공동개발해 단일 공급자의 지위를 확보하고 있다. 이에 따라 2020년 하반기에 SSD 관련 테스터 장비 부문의 매출 증가로 실적 턴어라운드가 가속화될 것으로 예상된다.

엑시콘의 경우 메모리반도체 시장에서 D램 발전속도에 따라 변화를 거듭해왔다. 2016년 말 메모리반도체 시장에서 DDR4가 나오기 시작하면서 엑시콘은 2017년 역대 최대 매출인 672억 원을 달성한 바 있다.

2019년 하반기에 고객사 니즈에 맞춰 DDR5 메모리 테스터를 납품함에 따라 고객사의 DDR5로의 전환이 2021년에 가시화될 것으로 예상되며, 2022년부터 본격화될 것으로 기대된다. 이에 따라 2021년부터 엑시콘은 해를 거듭할수록 DDR5 메모리 테스터 매출이 증가할 것으로 전망된다.

한편 엑시콘은 국책과제를 통해 삼성전자와 CIS(CMOS Image Sensor) 테스터 공동개발을 시작했고, 2020년 말까지 개발을 완료해 2021년에 고객사의 양산대응을 목표로 연구개발에 집중하고 있다. 최근 스마트폰의 트리플 카메라 적용확대, 사물인터넷(IoT), 산업기계 카메라 적용증가 등으로 인해 CIS 시장 규모가 급성장하고 있기 때문에 향후 수혜가 예상된다.

윌덱스(101160)

- 반도체 제조장비 소재부품 전문기업
- 거래처 및 품목 다각화를 통한 성장지속

윌덱스는 지난 2000년에 설립된 반도체 제조장비 소재부품 전문기업으로 반도체 전공정 중 에칭(Etching)공정에 주로 사용되는 실리콘부품, 쿼츠부품, 세라믹부품을 주력으로 제조해 판매하고 있다.

지난 2009년에는 미국의 실리콘 잉곳 및 쿼츠 전문회사인 WCQ(West Coast Quartz Corporation)를 인수했다. 2020년 상반기 기준으로 부문별 매출 비중을 살펴보면 실리콘부품 52.1%, 쿼츠부품 33.1%, 알루미나 외 14.7% 등이다.

그동안 윌덱스는 반도체 관련 부품의 국산화와 함께 성장해왔다. 다른 한편으로 윌덱스는 삼성전자, 하이닉스, 마이크론, 키옥시아 등 메모리 반도체 업체 이외에도 인텔, TSMC 등 비메모리 반도체 업체에도 부품을 공급하는 등 거래처 다각화를 통해 매출성장을 도모하고 있다.

월덱스는 2020년의 경우 하이닉스, 마이크론 등에서의 품목 다각화로 신규 매출이 가세되면서 매출성장이 예상될 뿐만 아니라 수익성 개선으로 이어지면서 양호한 실적이 기대된다. 무엇보다 거래처 및 품목 다각화를 통해 해를 거듭할수록 안정적인 성장이 예상되면서 월덱스의 주가가 리레이팅될 수 있는 환경이 조성될 수 있을 것이다.

싸이맥스(160980)

- 반도체 웨이퍼 이송장비 전문업체
- 2021년 성장기대

싸이맥스는 2005년에 설립된 반도체 웨이퍼 이송장비 전문업체로, 주요 제품으로는 CTS(Cluster Tool System), EFEM(Equipment Front End Module), LPM(Load Port Module) 등이 있다.

CTS는 반도체 공정장비와 연결되는 장치로서, EFEM 내 대기(Atmosphere)로봇이 진공챔버로 웨이퍼를 반송시키면 진공챔버 내 진공로봇이 공정장비로 웨이퍼를 이송시키는 Tool Automation System이며, EFEM은 대기(Atmosphere)상태에서 웨이퍼를 반송하는 이송장치로서 Load Port Module, ATM Robot, Aligner, EFEM Software 등으로 구성되어 있다.

또한 LPM은 반도체 제조용 웨이퍼를 담아두는 FOUP(Front

Opening Universal Pod) 도어(Door)를 열거나 닫으면서 웨이퍼가 반송될 수 있도록 해주는 장치이다.

싸이맥스의 주요 자회사로는 환경설비장치 사업을 하고 있는 신도이앤씨(지분 46.3%)가 있다.

싸이맥스의 경우 주요 매출처인 삼성전자의 설비투자에 힘입어 2020년 상반기 매출성장이 가속화되었다. 그러나 메모리칩 생산업체들이 서버 수요둔화에 따라 재고가 증가하면서 그 영향으로 2020년 하반기에는 설비투자를 다소 축소할 것으로 예상됨에 따라 2020년 하반기 실적은 부진할 것으로 보인다. 하지만 2021년에는 전방산업 재고조정 이후의 수요회복 기대와 더불어 지난 2년간 투자를 줄였던 SK하이닉스의 설비투자 증가와 신규고객으로부터 수주확대 등으로 성장이 기대된다.

싸이맥스의 시스템 중 ATM Robot의 경우 현재 일본에서 수입하고 있는데, 현재 정부의 소부장 국책과제로 선정되어 국산화를 진행 중에 있어서 향후 수혜가 예상된다.

인텍플러스(064290)

· 반도체, 디스플레이, 2차전지 등 분야의 외관검사장비 전문업체
· 고객사 확대로 밸류가 상승

인텍플러스는 1995년에 설립되어 머신비전 기술을 통해 표면형

상에 대한 영상 데이터를 획득해 분석 및 처리하는 3D·2D 자동외관검사장비 전문업체이다.

인텍플러스는 반도체 패키지, 메모리 모듈 등 반도체 후공정 분야의 외관검사장비에서 시작해 반도체 Wafer 다음 공정부터 조립공정까지의 단계인 Mid-End 분야, Flexible OLED와 LCD 등의 디스플레이 분야 및 2차전지 분야에 이르기까지 다양한 외관검사 장비를 공급하고 있다.

반도체 외관검사 분야에서는 반도체 칩의 패키징이 완료된 후 출하 전 최종단계에서 외관을 검사하는 반도체 패키지 장비(iPIS-Series), 메모리 모듈의 외관검사를 수행하는 메모리 모듈 장비(iMAS-Series), SSD 메모리 외관 검사장비(iSSD-Series) 등을 공급하고 있다.

2019년 인텍플러스가 글로벌 메이저 반도체 업체에 독점적으로 외관검사 장비를 공급하면서 중장기 성장을 위한 기반을 마련했다. 무엇보다 이러한 기술력을 바탕으로 대만, 중국업체 등으로 고객사가 다변화되면서 매출성장이 2021년부터 본격화될 것으로 예상된다.

또한 반도체 Mid-end 분야는 WSI(White light scanning interferometry) 기술을 바탕으로 Flip-chip에서 적용되는 Substrate의 외관을 검사하는 장비를 공급하고 있다. HPC, 5G용 Advanced Package 기술적용 확대로 2019년부터 Supply Chain 상의 제조사들에 납품을 진행하면서 2020년 전체매출을 성장시키는 큰 원동력이 되었으며, 2021년의 경우에도 고객사 확대로 매출성장이 지속될 것이다.

2차전지 분야에서는 파우치 타입의 전기차용 중대형 2차전지 셀을 검사하는 장비를 공급하고 있다. 이 분야에서는 반도체만큼 작거나 예민하지 않기 때문에 그동안 사람이 육안으로 직접 판별했지만 품질 안정성 향상 차원에서 검사 자동화 니즈가 커졌기 때문에 향후 매출성장이 기대된다. 2019년 수주를 기반으로 2020년 신규 매출이 처음 발생했으며, 2021년의 경우 고객사가 확대되면서 매출성장이 예상된다.

한편 디스플레이 분야에서는 중소형 Flexible OLED 셀의 외관을 검사하는 셀 검사기를 공급하고 있다. 2021년의 경우 BOE 등 관련투자 확대 및 국내 고객사 투자로 매출이 증가할 것으로 예상된다.

라온피플(300120)

- AI 비전 솔루션 전문기업
- 육안검사의 AI는 대체로 성장성 커질 듯

라온피플은 지난 2010년 설립된 AI 비전 솔루션을 제공하는 전문기업이다. 스마트폰에 사용되는 카메라모듈을 검사하기 위해 카메라모듈로부터 나오는 영상을 PC로 전송해주는 역할을 수행하는 AI카메라 모듈 검사 솔루션을 제공한다. 더불어 머신비전 카메라,

렌즈, 조명을 이용해 획득한 이미지를 이미지 프로세서, 소프트웨어가 수행 작업 목적에 적합하게 영상처리·분석의 과정을 거침으로써 특정작업을 수행할 수 있는 판단을 제공하는 AI 머신비전 솔루션을 주 사업으로 영위하고 있다. 이 밖에도 스크린 골프에서 사용되고 있는 골프용 센서와 소프트웨어 알고리즘을 제조·판매하고 있다.

머신비전은 사람이 눈으로 보고 뇌에서 판단하던 것을 카메라와 영상인식 알고리즘으로 대신하는 시스템이다. 여기에 AI를 적용해 반복학습을 통한 성능 향상이 가능하도록 한 시스템인 AI 머신비전으로, 산업현장에서는 반도체·디스플레이·2차전지 등 다양한 분야에서 제품의 양품과 불량품 판정에 사용된다.

반도체PCB 불량검사의 경우 기존에는 육안으로 재검사가 진행되었는데, 검사에 특화된 AI솔루션으로 정확도를 높이는 동시에 재검에 필요한 인력과 장비를 최소화되면서 비용의 절감효과가 있다. 향후 PCB업체의 양산라인 적용이 확대될 것으로 예상된다.

또한 자동차 최종 외관검사의 경우 육안검사의 한계로 숙련된 전문가를 통해 이루어졌는데, AI 딥러닝과 광학기술을 통해 육안으로는 확인이 어려운 외관불량 검출뿐만 아니라 다양한 차종 적용과 빠른 검사처리가 가능해졌다. 향후 완성차 업체로 적용이 확대될 수 있을 것이다. 이와 같이 육안검사가 AI 솔루션으로 대체되면서 라온피플의 성장성이 커질 것이다.

한편 지능형 교통신호 제어 시스템인 그린라이트는 AI 영상검사로 실시간 차량정보를 분석해 각 교차로의 진행 방향에 대한 혼잡도를 산출하고, 교통량이 가장 많은 혼잡방향에 교통신호를 먼저 분배해 혼잡방향 교통을 우선적으로 해결해주는 기술이다. 안양시 인덕원 사거리 시범설치를 시작으로 운영의 안정성을 확보했으므로 향후 매출성장이 가시화될 것이다.

NICE평가정보(030190)

- Credit Bureau에서 빅데이터까지 금융 인프라 전반의 사업을 영위
- 데이터가 가치다!

NICE평가정보는 지난 1985년 신용정보의 이용 및 보호에 관한 법률에 근거해 신용평가, 신용조회, 신용조사, 채권추심 사업 등을 영위할 목적으로 설립되었다. 현재는 개인신용정보(Credit Bureau), 기업정보, 자산관리, 빅데이터 사업 등을 영위하고 있다. 2020년 상반기 기준으로 매출 비중을 살펴보면, CB 62.4%, 기업정보 22.3%, 자산관리 14.0%, 기타 1.3% 등이다.

2020년 1월 가명정보 도입을 통한 데이터 이용 활성화, 개인정보 보호체계 일원화, 마이데이터 등 금융 분야 데이터 신산업 도입, 전문기관을 통한 데이터 결합지원 등을 주요 내용으로 한 데이터 3법(개인정보보호법·신용정보법·정보통신망법) 개정안이 국회에서 통과되어 2020년 8월 5일부터 시행에 들어갔다. 이 중에서도 마이데이터 사업은 금융소비자의 금융자산정보, 신용정보 등의 데이터가 금융사에 산재해 있어 관리가 힘들었던 것을 개선시켜 개인이 관리

주체가 될 수 있게 할 뿐만 아니라, 이러한 정보를 적극적으로 활용해 자산관리 등에 다양하게 적용할 수 있게 하는 것이다.

금융 분야 마이데이터 관련사업을 하기 위해서는 금융위원회의 허가를 받아야 한다. 하지만 마이데이터 사업자가 다양한 정보를 결합하고 가공해 새로운 서비스를 제공한다는 측면에서 그만큼 시장이 확장되는 것이다. 이에 따라 신규 마이데이터 사업자 등장으로 NICE평가정보의 개인신용정보(Credit Bureau)에 대한 활용과 솔루션 수요가 증가하면서 수혜가 예상된다.

다른 한편으로는 NICE평가정보가 마이데이터 관련 사업을 직접 영위하면서 기존 부채 사이드의 정보를 바탕으로 특화된 서비스를 제공하면서 성장을 도모할 것으로 예상된다.

데이터거래소, 빅데이터 플랫폼, 데이터 댐과 같은, 데이터 경제를 위한 정보수집 기반이 지속적으로 확대되고 있다. 이에 따라 데이터에 대한 통합과 표준화 과정을 통해 다양하게 활용될 수 있도록 하는 것이 무엇보다 필요하다.

NICE평가정보의 100% 자회사인 NICE지니데이터의 경우 스크래이핑, 통신정보, 임대, 소셜정보 및 여러 독립기관들과의 협력을 통해 많은 비신용·비금융정보를 수집해 데이터를 정제, 표준화하고 시장 트렌드와 고객분석을 위한 마케팅 데이터와 컨설팅 서비스를 제공하고 있다. 이에 따라 데이터 정보수집 기반이 확대되는 환경에서 NICE지니데이터 빅데이터 관련사업의 성장성이 더욱 부각될 수 있을 것이다.

NHN한국사이버결제(060250)

- 전자지불결제(PG) 업체
- 언택트 라이프스타일 확산 수혜

코로나19로 인한 감염을 피하고자 사람들이 사회적 거리두기, 자발적 격리에 들어가면서 언택트 라이프스타일이 확산되고 있다. 이에 따라 오프라인 구매행위가 온라인으로 전환되면서 전자상거래 시장이 재편되는 양상을 보이고 있다. 온라인에서의 식료품 등 생필품의 소비가 급증하고, 오프라인 상점의 O2O 배송 서비스 도입이 확대되고 있다. 이처럼 온라인에서의 결제액이 증가하고 있다.

이러한 소비행태의 변화가 편리성과 습관화 등으로 코로나19 이후에도 지속될 것으로 예상됨에 따라 향후에도 NHN한국사이버결제 실적에 긍정적인 영향을 미칠 것이다.

한편 페이코 오더는 모바일을 활용해 주문과 결제를 한번에 해결할 수 있는 통합 솔루션으로, 페이코 이용자는 주문을 위해 매장 카운터에서 대기할 필요 없이 테이블에 앉아 간단하게 매장 내 비치된 QR코드를 스캔하거나, 페이코 앱 또는 고객사 앱을 이용해 신속하고 간편하게 주문과 결제를 마칠 수 있다.

또한 페이코 오더는 현장에서 이루어지는 주문과 결제뿐만 아니라 미리 주문하고 매장에서 포장 제품을 받아갈 수 있는 픽업 오더와 주문부터 배달서비스까지 모두 제공하는 배달 오더 등으로 확대해 활용되고 있다. 이러한 서비스 증가로 오프라인 결제의 온라인화가 가속화되면서 NHN한국사이버결제의 PG 처리 거래금액이 증가할 것으로 기대된다.

자라, 네스프레소, 루이비통 등 다수의 해외 가맹점들이 국내에 진출해 NHN한국사이버결제의 결제시스템을 사용하고 있다. 이외에도 직접 계약을 통해 애플, 테슬라, 아이허브 등 여러 해외 가맹점들에게 결제서비스를 제공하고 있다.

무엇보다 2019년 하반기 애플 앱스토어에서 NHN한국사이버결제를 전자지급결제 대행사로 해 국내 신용카드 결제를 허용함에 따라 NHN한국사이버결제 PG 처리 거래금액 증가에 기여할 것으로 예상된다.

소비의 글로벌화에 따른 해외가맹점의 국내 결제서비스 적용에 대한 니즈 증가로 향후에도 대형 글로벌업체들의 국내 결제서비스가 증가할 것으로 예상됨에 따라 NHN한국사이버결제의 최대 수혜가 기대된다. 언택트 라이프스타일 확산으로 온라인에서의 결제액이 증가하고 있을 뿐만 아니라 향후에도 O2O사업 가속화로 오프라인 결제의 온라인화가 이루어지면서 NHN한국사이버결제의 성장성이 부각될 것이다.

KG모빌리언스(046440)

- 전자지불결제(PG) 업체
- 언택트 라이프 수혜 및 합병 시너지 효과 본격화

KG모빌리언스는 지난 2000년에 설립된 휴대폰 전자지불결제 (PG) 업체로서 2020년 2월 KG올앳을 흡수합병함에 따라 신용카드 전자지불결제(PG) 사업이 확대되었다. 주요 자회사로는 KG에듀원, 스룩 등이 있다.

휴대폰 소액결제 한도의 경우 2015년 30만 원에서 50만 원으로, 2019년에는 60만 원으로 상향되었다. 2020년 4월부터는 휴대폰 소액결제 한도가 100만 원까지 상향됨에 따라 언택트 라이프스타일 확산 수혜가 보다 더 커지면서 KG모빌리언스의 실적향상에 기여했다.

KG모빌리언스가 KG올앳을 흡수합병함에 따라 기존 휴대폰 결제사업에 더해 2020년부터 자체 결제시스템을 구축하고 신용카드 PG시장에 본격적으로 진출하면서 연간 거래규모 7조 원 수준의 종합 PG사로 도약할 수 있게 되었다.

무엇보다 이번 합병으로 KG모빌리언스는 KG올앳이 보유하고 있는 거래처를 확보할 수 있을 뿐만 아니라, 거래규모 확대에 따른 원가경쟁력을 갖출 수 있게 되었다. 또한 KG올앳이 구축한 안정적인 결제시스템과 축적된 운영 노하우를 통해 신용카드 PG시장의 후발주자로서의 핸디캡을 단번에 보완할 수 있을 것이다.

이와 더불어 KG모빌리언스는 그동안 정산자금 확보를 위해 ABS 발행 등으로 자금을 운용해왔으나, 신용카드 PG사는 카드회사로부터 대금을 먼저 정산받은 뒤 가맹점에 지급하는 형태이기 때문에 이번 합병으로 자금운용 측면에서 이자비용 감소효과가 발생할 수 있을 것이다.

펄어비스(263750)

- 온라인 및 모바일 게임 개발 전문업체
- 클라우드 게임시대 최대 수혜

2014년 12월에 〈검은사막〉 국내 서비스를 시작으로 PC 온라인 게임 사업이 시작되었다. 이후 2015년 일본, 러시아, 2016년 북미, 유럽, 2017년 대만, 남미, 터키, 중동 등으로 영역을 확장했고 2018년엔 태국과 동남아 지역까지 글로벌 서비스를 하고 있다.

이 같은 IP 파워를 기반으로 2018년 2월 출시된 검은사막 모바일은 국내에서 흥행하며 펄어비스의 덩치를 크게 키웠고, 〈검은사막 모바일〉은 같은 해 8월엔 대만·홍콩·마카오에서, 2019년 2월엔 일본에서 성과를 냈다. 12월엔 글로벌 서비스를 시작했다.

5G시대에 접어들면서 더욱 빨라진 인터넷 환경과 안정된 인프라 구축으로 클라우드 게임시장이 주목받고 있다.

시장조사업체 뉴주(Newzoo)에 따르면 전 세계 클라우드 게임시장이 2020년에는 2019년보다 3배 이상 성장한 5억 8,500만 달러를 넘어 2023년에는 클라우드 게임시장이 48억 달러에 이를 것으로 예상된다.

클라우드 게임은 이용자가 게임을 다운로드하거나 설치하지 않고, 서버에서 유저가 사용하는 기기로 게임화면을 전송받아 게임을 즐길 수 있게 해주는 서비스다. 높은 사양의 PC나 콘솔 게임기가 없어도 최신 게임을 즐길 수 있고, PC, 노트북 등 다양한 기기로 접속해 즐길 수 있다는 게 큰 장점이다. 특히 게임에 대한 전산처리는 클라우드 서버에서 이뤄지고 내가 플레이하는 디바이스는 화면만 스트리밍해 디바이스 사양과 관계없이 게임을 플레이할 수 있다.

이러한 환경에서 지스타 2019에서 공개한 신작 3종은 모두 차세대 신형 엔진으로 개발중이다. 신형 엔진을 통해 게임 완성도와 그래픽 퀄리티의 수준을 높이면서 개발 속도도 더욱 높일 수 있는 장점이 있다.

2021년 출시 예정인 에픽 판타지 오픈월드 MMORPG(다중접속 역할 수행 게임) 〈붉은사막〉은 광대한 파이웰 대륙의 용병들이 생존을 위해 싸우는 이야기를 사실적인 캐릭터와 컷신으로 그린 펄어비스의 차기 플래그십 MMORPG이다. 또한 수집형 오픈월드 게임인 〈도깨비〉는 높은 자유도를 중심으로 개성 있고 아기자기한 그래픽이 강점이다. 〈플랜8〉은 현시대를 바탕으로 한 사실적인 그래픽의 표현과 스타일리시한 액션이 돋보이는 오픈월드 MMO이다.

펄어비스가 개발중인 차세대 신형엔진으로 사실적인 질감 표현과 자연스러운 광원효과 등 최고 수준의 그래픽 구현을 통해 완성도 높은 게임 퀄리티를 지원할 뿐만 아니라 PC, 콘솔 등 플랫폼 호환성으로 확장할 예정이다. 무엇보다 신작들의 경우 기존 콘솔게임 개발 능력을 극대화해 5G 시대에 맞는 클라우드 서비스 대응을 목표로 개발되고 있다.

클라우드 게임시장이 열리는 환경에서 맞춤형 신작 개발로 콘텐츠 가치가 상승하면서 최대 수혜가 기대된다.

스튜디오드래곤(253450)

- 드라마 제작사
- 콘텐츠 전성시대 최대 수혜

스튜디오드래곤은 CJ ENM의 드라마 사업 부문의 법인을 분리해 설립된 곳으로 CJ ENM이 보유한 tvN·OCN 등의 채널에 콘텐츠를 공급하고 있으며, 지상파와 종합 편성채널 같은 전통 미디어와 다양한 디지털 플랫폼에 맞춤형 콘텐츠를 제공중이다.

스튜디오드래곤은 드라마를 제작하는 데 필요한 모든 프로세스를 총괄하는 동시에 지식재산권(IP)까지도 소유하고 있다. 대규모 제작 역량과 시스템을 갖춤으로써 국내 최초의 드라마 스튜디오로 자리매김했다. 현재 스튜디오드래곤의 크리에이터는 197명, 연간 드라마 제작 수는 2019년 기준 28편, 보유한 라이브러리는 152편이다.

스튜디오드래곤은 2016년부터 스타 작가들이 소속된 제작사의 지분을 꾸준히 인수해왔다. 핵심 제작 자회사로는 문화창고, 화앤담픽쳐스, KPJ·지티스트 등이 있다. 이를 통해 스튜디오드래곤은 김은숙(도깨비, 미스터션샤인), 박지은(사랑의 불시착), 김영현·박상연(아스달 연대기), 노희경(라이브, 디어 마이 프렌즈) 작가 등 내로라하는 국내 스타작가들과 손잡을 수 있게 되었다.

현재의 시장상황을 보면, 넷플릭스와 아마존프라임비디오 등 기존 OTT 플랫폼에 이어 디즈니플러스와 애플TV플러스가 새로운 플레이어로 진입했다. 국내에서도 웨이브와 왓챠 등 다양한 OTT 플랫폼이 성장중이다. 이들은 시장선점을 위해 다수의 콘텐츠 확보에 나설 것으로 보인다.

특히 넷플릭스의 경우 독점 콘텐츠를 확보하기 위해서 해를 거듭할수록 투자규모를 늘리고 있다. 무엇보다 구독 서비스사업 지역이 넓어지면서 특정지역에 특화된 콘텐츠를 많이 확보하려는 시도들이 늘어나고 있다. 이에 따라 스튜디오드래곤은 2020년 1월부터 넷플릭스에 3년 동안 21편을 공급하는 계약을 2019년 11월에 체결했다.

코로나19의 여파로 전 세계에서 드라마 제작이 중단되거나 축소되고 있고, 광고부진 심화로 채널별 드라마 라인업의 축소가 우려되기도 한다. 하지만 스튜디오드래곤의 제작 영향은 제한적이며, 오히려 신규 드라마 가치가 확대되고 미국 등 현지 크리에이터 확보가 용이해질 것으로 전망된다.

이와 함께 동영상 스트리밍과 같은 비대면 서비스 수요가 증가하고 있고 OTT 경쟁이 심화되고 있어 해외 판매단가 인상, 해외비중 확대가 기대된다. 따라서 스튜디오드래곤의 완성도 높은 콘텐츠는 가치가 더욱 높아질 것이다.

거기에다 향후 중국이 한한령을 해제한다면 스튜디오드래곤의 큰 수혜가 예상된다.

에이스토리(241840)

- 드라마 콘텐츠 전문 제작사
- 2021년부터 실적은 A⁺

에이스토리는 지난 2004년에 설립되어 드라마 콘텐츠를 기획·제작해 방송국과 해외시장에 공급하는 드라마 콘텐츠 제작사업과 더불어 IP(지적재산권) 판매, 관련 부가사업(OST, 게임 등)을 영위하고 있다.

〈백일의 낭군님〉〈우리가 만난 기적〉〈시그널 시즌1〉 등 기존 지상파와 유료방송뿐만 아니라, 넷플릭스의 국내 첫 오리지널 드라마인 〈킹덤 시즌1〉과 후속 시리즈 〈킹덤 시즌2〉, 두 번째 오리지널 드라마 〈첫사랑은 처음이라서 시즌1, 2〉를 제작하며 글로벌 플랫폼을 통해 소비시장 확대에 대응하고 있다.

에이스토리의 제작 드라마 수와 규모 역시 2021년부터 대폭 늘어날 예정이다. 현재 에이스토리는 배우 전지현과 주지훈이 주연을 맡은 드라마 〈킹덤〉의 작가 김은희, 〈도깨비〉의 감독 이응복 등이 참여한 텐트폴 드라마 〈지리산〉을 비롯해 아카데미 수상작 〈기생충〉의 조여정이 주연을 맡은 〈바람피면 죽는다〉, 〈배가본드〉의 장영철, 정경순 작가팀이 극본을 쓴 〈빅마우스〉, 배우 김선아와 엄정화가 출연 논의중인 〈W〉 등 드라마 4편을 제작중이다.

2021년 하반기에 방영 예정인 드라마 〈지리산〉의 경우 2020년 9월 16일 스튜디오드래곤과 208억 원 규모로 국내 방영권 공급계약을 체결했다. 또한 2020년 9월 28일에는 비디오 스트리밍 서비스 회사인 아이치이와 국내 및 중국을 제외한 해외 방영권 라이센스를 계약했는데, 계약금액은 공시되지 않았다.

드라마 〈지리산〉의 총 제작비가 320억 원 내외로 추정되는 가운데 해외 방영권 판매금액이 별도로 공시되지는 않았지만, 그동안의 계약사례를 고려할 때 국내·해외 방영권 판매로 2021년에 상당한 수익이 예상된다.

이와 같이 〈지리산〉의 경우 IP를 확보해 국내·해외에 방영권을 판매했다는 데 의의가 있다. 에이스토리는 이러한 비즈니스 모델로 시즌제 형식의 글로벌 텐트폴 작품을 매년 한 작품 이상 선보일 예정으로, 실적증가의 지속성을 한층 높여줄 것으로 예상된다. 즉 2022년에는 글로벌 프로젝트인 실크로드, 모닝글로리 등이 구체화될 예정이다.

2021년의 경우 라인업 확대 및 글로벌 텐트폴 드라마 제작·판매로 실적이 퀀텀점프할 것으로 기대되며, 시즌제 형식의 글로벌 텐트폴 작품을 매년 한 작품 이상 선보일 것으로 예상됨에 따라 글로벌 OTT시대에 글로벌 콘텐츠 제작사로 발돋움할 수 있을 것이다.

미스터블루(207760)

- 웹툰 등 온라인 콘텐츠 제공 및 플랫폼 전문업체
- 웹툰과 게임의 성장성 가시화

미스터블루는 지난 2002년에 설립된 웹툰 등 온라인 콘텐츠 제공 및 플랫폼 전문업체이다. 기존에는 출판만화 디지털화를 통해 온라인 자체 플랫폼에 올리는 사업이 주를 이루었으나 웹툰 산업이 발전해감에 따라 2016년부터 웹툰 서비스를 본격적으로 시작하며 회사체질을 바꿨다.

미스터블루는 다수의 유명 작가들의 포괄적 저작권과 전송권을 보유해 독점적으로 서비스를 하고 있다. 미스터블루 플랫폼은 물론이고 네이버, 카카오 등의 타사 플랫폼에도 서비스하고 있어 추가적인 수익을 창출하고 있다.

지난 2018년에는 게임사업 부문을 물적분할해서 블루포션게임즈를 설립했고, 이러한 자회사를 통해 게임 개발·퍼블리싱 사업을 영위하고 있다. 2020년 1분기 기준으로 사업 부문별 매출비중을 살펴보면 온라인 콘텐츠 서비스 51.1%, 게임 45.5%, 만화출판 3.4% 등이다.

미스터블루 무협만화의 경우 2019년 기준으로 게임을 제외한 매출의 46.2%를 차지하면서 성장을 이끌고 있다. 무협 4대 천왕(황성, 야설록, 사마달, 하승남)의 IP와 더불어 외부 흥행 무협 IP를 활용해 신무협, 판타지무협 등 무협 장르의 다변화를 진행하고 있기 때문에 기존보다 저연령 독자층으로 확대되면서 성장성이 가속화될 수 있을 것이다.

무엇보다 지난 2019년 11월에 정액제 가격을 기존 1만 원에서 2만 원으로 인상함에 따라 2020년 수익성 개선에 기여를 할 것으로 예상된다.

PC 온라인 MMORPG인 〈에오스〉 IP를 활용해 개발된 모바일 게임 〈에오스레드〉를 2019년 8월에 출시했다. 〈에오스레드〉로 2019년 매출액 326억 원을 기록하면서 미스터블루 실적을 레벨업시키는 데 기여를 했다.

2020년 8월 대만, 홍콩, 마카오에서 정식으로 출시하며 해외진출을 시작했다. 출시 이후 안정적인 매출달성으로 해외에서의 성장성이 가시화되고 있다.

카카오(035720)

- **카카오톡 플랫폼을 기반으로 다양한 서비스 제공**
- **토털 모바일 생활 플랫폼로서의 성장성 부각될 듯**

카카오는 다음과 합병 이후 카카오톡과 연동할 수 있는 기업을 꾸준히 사들였다. 알림장 앱 업체 키즈노트, 중고 전자기기 거래 업체 셀잇, 내비게이션 앱 록앤올이 대표적이다. 2016년엔 SK플래닛으로부터 로엔엔터테인먼트를 인수했다. 카카오가 인수한 기업은 2015년 13개, 2016년 6개, 2017년 5개, 2018년 9개, 2019년 15개 등 5년간 48개에 이른다.

카카오는 기업을 인수한 후 성장 가능성이 큰 사업 부문을 계열사로 독립시키고 있다. 총 48곳을 인수했지만 계열사가 92개인 이유다. 택시 서비스를 운영하는 카카오모빌리티, 로엔엔터테인먼트의 부문 분사(카카오M)가 대표적이다.

분사한 계열사는 또다시 M&A로 성장한다. 카카오모빌리티의 경우 택시호출 서비스가 성공하며 분사한 이후 버스, 지하철, 주차장 등 관련 서비스 업체를 인수해 사업영역을 확대했다. 또한 교통 관련 통합 앱인 카카오T를 내고 대리운전 호출 서비스도 추가했다. 최근엔 택시회사를 잇달아 사들이는 중이다.

택시 운송 및 가맹업체인 진화와 케이엠솔루션(서비스명 웨이고)을 인수했고, 케이엠원 등 6개 관련 회사를 새로 설립했다. 현재 카카오모빌리티는 총 9곳의 택시 법인을 인수해 택시 면허 900여 개를 확보했다.

카카오 콘텐츠 부문의 경우 웹툰과 웹소설 지식재산권(IP)을 확보한 카카오페이지, 콘텐츠 직접 제작 능력을 확보한 카카오M 등으로 콘텐츠 수직 계열화를 이뤘다.

2019년 8월 이후 영화 제작사와 연예 매니지먼트사만 5개를 편입했고, 2020년 들어서는 배우 이병헌의 소속사 BH엔터테인먼트와 공유·공효진의 소속사 숲엔터테인먼트, 김태리의 소속사 제이와이드컴퍼니 등의 지분을 인수하기도 했다.

카카오 금융 부문의 경우 카카오페이는 2019년 인슈어테크 플랫폼 스타트업 인바이유를 인수하며 보험업에 뛰어들었고, 바로투자증권을 인수해 증권업으로도 보폭을 넓혔다.

이렇듯 카카오톡을 기반으로 콘텐츠, 금융, 모빌리티 등으로 사업 영역을 확대하면서 토털 모바일 생활 플랫폼으로서의 성장성이 부각될 것이다.

NAVER(035420)

- 온라인 광고 및 콘텐츠 사업자
- 종합 쇼핑 플랫폼 도약, 신규사업의 성장성 부각

네이버의 매출은 서치플랫폼, 커머스, 핀테크, 콘텐츠, 클라우드 등 5개로 분류된다. 서치플랫폼은 검색에서 매출을 발생시켜 네이버의 근간이 되어준 사업으로, 네이버 전체 매출의 절반 이상을 차지하고 있다.

커머스의 경우 네이버의 쇼핑 플랫폼 스마트스토어나 브랜드가 직접 입점하는 브랜드스토어에서 나오는 매출이다. 검색결과 상단에 제품을 노출시키는 쇼핑검색 광고, 스마트스토어 입점 수수료, 네이버페이 포인트가 추가 적립되는 유료 멤버십 네이버 플러스 등 매출이 커머스 부분에 해당된다.

이러한 커머스 매출이 급성장하고 있는 중이다. 무엇보다 중소상공인(SME)과 브랜드의 디지털 전환에 대한 관심이 늘어나면서 스마트스토어 판매자 수 증가로 거래액이 상승하고 있는 중이다.

특히 '검색-주문-결제-배송'으로 이어지는 쇼핑과정 전체를 아우르면서 매출을 일으키는 게 네이버 커머스의 사업구조이다. 포털 검색결과로 노출되는 쇼핑광고로 구매를 결정한 뒤 자체 쇼핑 플랫폼인 스마트스토어·브랜드스토어에서 주문하고, 네이버페이를 활용한 결제와 자체 물류망에서 배송과 알림까지 원스톱으로 이뤄지는 쇼핑시스템이 자리 잡고 있다. 네이버는 물류 경쟁력 강화를 위해 글로벌 물류망을 보유한 CJ대한통운 지분 7.85%를 확보하며 3대 주주로 올라섰다.

네이버는 2020년 내에 소상공인 대출, 오프라인 결제시장에도 진출해 네이버 생태계를 강화하고자 한다.

앞으로도 네이버 신규 사업의 성장성이 부각될 것이다. 우선 네이버웹툰이 미국 Z세대를 중요타깃으로 확보하며 글로벌 성장기반을 마련함에 따라 향후 글로벌 시장에서 빠른 성장세가 예상된다.

그 다음으로 네이버는 자회사 네이버파이낸셜을 통해 핀테크사업을 본격화할 예정이다. 네이버파이낸셜은 네이버가 지닌 IT기술력에 미래에셋그룹의 자본력과 금융 전문성까지 더해지며 핀테크사업에서 상당한 역량을 갖추었다. 미래에셋그룹은 네이버파이낸셜에 8천억 원을 투자했는데 미래에셋그룹의 주력사업인 증권업뿐 아니라 보험, 캐피털 등 다양한 금융 분야에서 네이버파이낸셜과 제휴가 이뤄질 것으로 예상된다.

지어소프트(051160)

- 신선식품 유통사 오아시스의 대주주로서 여러 사업 영위
- 언택트로 새벽배송 시장 커지며 오아시스 가치 레벨업

지어소프트는 유무선 시스템 개발·운영·유지보수 등 IT 전 영역에 대한 토털 서비스를 제공하는 IT서비스 부문과 더불어 온라인을

중심으로 한 통합 마케팅 커뮤니케이션서비스를 제공하는 광고사업 부문 및 농·수산물 직거래를 통한 유기농마켓을 운영하는 유통 부문을 주력사업으로 영위하고 있다.

무엇보다 지어소프트는 유기농 신선식품 유통사인 오아시스의 지분을 79.4% 보유하고 있다.

통계청에 따르면 2019년 국내 온라인쇼핑 거래액은 113조 7,000억 원으로 사상 처음 100조 원을 돌파했다. 언택트 트렌드 확산으로 온라인쇼핑 시장이 더욱 더 커질 것으로 예상됨에 따라 새벽배송 시장 역시 지속적으로 성장할 것으로 기대된다.

특히 신선식품 등 식재료 새벽배송 시장은 폭발적으로 성장하고 있다. 짧은 기간에 비해 급성장하며 덩치가 커졌지만 규모의 성장과는 다르게 해당 업체들은 적자를 면치 못하고 있다.

한편 지어소프트의 주력 자회사인 오아시스는 지난 2011년 우리소비자생활협동조합 출신들이 설립한 오프라인 마트로 출발했다. 중간 유통과정을 생략한 산지 직송 등 생산자 직거래 시스템을 구축해 가격 경쟁력을 확보함에 따라 광고·마케팅 비용을 낮추고 유기농 제품을 저가에 공급하고 있으며, 2018년 8월 온라인 새벽배송을 시작하면서도 이러한 낮은 가격정책을 유지했다.

또한 오아시스의 상품 유통망은 새벽배송, 37개의 오프라인 매장 및 배달판매로 재고를 줄이는 유통구조를 가지고 있어서 신선식품 폐기율이 0.1% 수준이다. 이에 따라 오아시스의 경우 2019년 약 10억 원의 영업이익을 기록하면서 흑자기조가 유지되고 있다.

특히 코로나19로 인한 언택트 트렌드 확산으로 오아시스의 누적

회원수와 온라인 월 매출은 계속 상승중이다. 이는 곧 새벽배송 플랫폼 업체로서 오아시스의 기업가치를 더욱 레벨업시키는 요인이 될 것이다.

오아시스 새벽배송의 온라인 매출이 본격화되는 점과 더불어 흑자라는 차별화 요소로 밸류에이션이 레벨업되면서 지어소프트의 지분가치도 상승할 수 있을 것이다.

알서포트(131370)

- 원격지원, 원격제어 소프트웨어 개발·공급업체
- 재택근무 등 언택트 라이프스타일 확산의 수혜

통신기술 발달로 재택근무가 일상화될 것이라고 예상했지만 대면업무에 익숙한 한국 기업문화 특성 때문에 그동안 재택근무는 외면 받았다. 그러나 전염병과 같은 극단적 상황은 라이프스타일을 바꾸고 변화를 이끈다. 코로나19 이후 재택근무가 확산되며 생산성과 효율성을 경험해 업무혁신적인 측면에서 재택근무 성장의 계기가 마련되고 있다.

무엇보다 향후 5G로 인해 빠른 데이터 송·수신과 시간과 장소에 상관없이 실시간 라이브 방송·소통이 가능한 환경이 도래함에 따라 실시간 의사결정이 중요시되면서 환경적인 측면에서 텔레워크의 성장이 예상된다.

코로나19 확산을 막기 위해 원격회의와 재택근무가 활성화되면서 관련제품들에 대한 수요가 빠르게 증가하고 있다. 국내의 경우 2020년 2월 정부가 코로나19에 대한 대응단계를 심각으로 조정하면서 가파르게 상승했다.

이에 대하여 알서포트는 2020년 1월 28일부터 클라우드 화상회의 솔루션 리모트미팅(물리적으로 멀리 떨어진 사람 누구와도 손쉽게 커뮤니케이션하듯 웹브라우저 화상회의로 커뮤니케이션을 해결해줌)과 원격제어 솔루션 리모트뷰(내 업무방식이 그대로 담긴 사무실 PC를 원격제어해 어디서든 똑같은 업무환경을 제공해줌)를 4월 30일까지 무료로 제공하는 이벤트를 진행했다. 이와 같은 무료 제공기간이 종료되었음에도 불구하고 실제 사용량은 2월 말 수준을 여전히 유지하고 있다. 이는 유료 고객 전환율 수준을 어느 정도 유지하고 있다는 것을 의미한다.

특히 코로나19로 일본정부가 4월 7일 긴급사태를 선언하면서 기업들이 긴급히 재택근무에 돌입하고 BCP(Business Continuity Plan) 확보가 필요해졌다. 이에 따라 알서포트의 리모트뷰 및 리모트미팅의 수요가 급증하고 있다.

무엇보다 무료 제공기간이 종료되었음에도 불구하고 사용시간과 사용건수가 유지되거나 오히려 늘었다. 이에 따라 일본에서의 매출 증가로 실적 턴어라운드가 가속화될 것으로 예상된다.

한편 2020년 11월 웹브라우저 기반의 웨비나 서비스인 리모트세미나를 출시했다. 리모트세미나는 이용자가 온라인 세미나를 개최할 수 있도록 각종 기능을 담은 서비스로 최대 1천 명까지 동시접속이 가능해 기업의 고객·파트너 행사나 온라인 수업·강의는 물론이고 불특정 다수를 대상으로 한 대규모 행사도 온라인으로 진행할 수 있다. 리모트세미나가 다양한 곳에서 활용될 것으로 예상되면서 성장성이 기대된다.

무엇보다 2020년부터 일본에서의 매출성장 가속화로 실적이 레벨업될 것으로 예상될 뿐만 아니라 향후에도 비대면 서비스 증가로 실적성장이 지속될 것이다.

에코마케팅(230360)

- 온라인 종합광고대행 및 미디오 커머스 업체
- 데일리앤코의 가치 상승

에코마케팅은 지난 2003년 설립된 온라인 종합광고대행업체로 온라인광고를 활용한 퍼포먼스 마케팅에 주력하고 있다. 또한 2017년 8월 인수한 손자회사 데일리앤코를 통해 자체 제작한 비디오 콘텐츠와 미디어 등을 활용한 D2C(Direct To Consumer) 방식의 미디어 커머스 업체를 운영하고 있다.

D2C란 제조업체가 가격 경쟁력을 높이기 위해 유통단계를 생략하고 온라인 자사몰, 소셜미디어(SNS) 등에서 소비자에게 직접 제품을 판매하는 방식이다. 온라인유통 혁신환경에서 코로나19로 인한 언택트 문화의 확산으로 D2C가 대세로 떠오르고 있다.

온라인 광고는 광고주의 제품이 필요한 고객을 정확하게 찾아낼 수 있는 데다 실시간으로 성과를 측정할 수 있기 때문에 효율적인 광고비 집행이 가능하다. 특히 경기가 불황일 때는 직접매출로 이어지는 퍼포먼스 마케팅에 예산을 집중하는 경향이 있으며, 인터넷 이용자도 불필요한 광고는 피하고 필요한 제품이나 서비스와 관련된 광고만 볼 수 있다. 광고주와 이용자가 만족할 수 있는 퍼포먼스 마케팅 시장이 빠르게 성장하면서 에코마케팅의 실적이 개선되고 있다.

한편 자회사 데일리앤코의 주력 상품은 미니 마사지기 클럭과 숙면 매트리스 몽제 등이다. D2C 방식은 불필요한 유통 수수료를 줄여 가격 경쟁력을 확보할 수 있고 소비자와 직접 소통함으로써 소비자 구매취향과 패턴 데이터를 확인할 수 있어 브랜드를 관리하는 데 유리하다.

데일리앤코는 모회사인 에코마케팅과의 시너지를 통해 미디어커머스 분야에서 두각을 보이고 있다. 데일리앤코는 클럭과 몽제 등 인기제품을 만들어내면서 미디어커머스 경쟁력을 입증했다. 미디어커머스 시장의 성장이 가속화되는 환경에서 데일리앤코의 가치도 상승할 것이다.

브랜드엑스코퍼레이션(337930)

- 미디어커머스 전문기업
- D2C시대의 기대주 거래처와 품목 다각화를 통한 성장지속

브랜드엑스코퍼레이션은 지난 2017년 설립되어 소비자 타깃의 콘텐츠 전략을 활용하는 미디어커머스 전문기업이다. 미디어커머스는 유튜브·페이스북·인스타그램 등 SNS를 마케팅 플랫폼으로 활용하는 새로운 형태의 커머스 사업을 의미하며, 이를 통해 D2C 중심의 판매까지 연계하는 사업모델을 구축하고 있다. 이에 따라 미디어커머스 기업의 경우 제품을 직접 기획하고 제조사에 의뢰해 제품을 생산한 뒤, 콘텐츠를 통해 유통과 영업·홍보까지 제품과 관련된 모든 과정을 직접적으로 관여한다.

브랜드엑스코퍼레이션의 주요 브랜드로는 액티브웨어 브랜드 젝시믹스(XEXYMIX), 10~20대를 겨냥한 어반 스트릿웨어 브랜드 믹스투믹스(MIX2MIX), 위생 청결 브랜드 휘아(WHIA), 남성 라이프스타일 브랜드 마르시오디에고(MARCIO DIEGO), 다이어트 전문 브랜드 쓰리케어 등이 있다. 2020년 1분기 기준으로 매출 비중을 살펴보면 젝시믹스 82.0%, 휘아 5.1%, 마르시오디에고 0.7%, 믹스투믹스 0.3%, 자회사 11.9% 등이다.

D2C 비중이 높을수록 대형 유통업체에 입점하는 수수료를 낼 필요가 없기 때문에 영업이익률이 높고 고객 데이터와 경험을 직접 수집해 마케팅에 활용할 수 있으므로 소비 트렌드에 빠르게 대응할 수 있다는 장점을 가지고 있다.

브랜드 젝시믹스의 경우 코로나19 사태 후 홈트족(홈 트레이닝: 집에서 운동하는 사람들)을 겨냥해 고객이 집에서도 쉽게 운동복을 입고 운동할 수 있는 영상을 제공한다거나, 평소 팬티라인 노출에 불편함을 느끼는 2030 여성에게 이를 보완해주는 레깅스 제품을 SNS

를 통해 적극 노출하는 식으로 마케팅을 펼치면서 D2C의 매출을 높여나가고 있다.

이에 따라 젝시믹스 매출액의 경우 2018년 217억 원, 2019년 555억 원, 2020년 1분기 211억 원으로 해를 거듭할수록 증가하고 있다.

무엇보다 브랜드엑스코퍼레이션은 특정 카테고리를 포괄하는 브랜드를 기획함으로써 제품 확장을 통해 매출성장을 도모하고 있기 때문에, 젝시믹스의 경우 역시 레깅스를 시작으로 남성, 운동화, 운동 소도구 등 제품 카테고리를 확장하면서 지속적인 성장이 예상된다.

D2C시대가 도래하면서 브랜드력을 바탕으로 한 제품 카테고리 확장이 중요한데, 브랜드엑스코퍼레이션의 경우 젝시믹스를 필두로 다양한 브랜드를 통해 향후 매출성장을 도모할 것이다.

한샘(009240)

- 가구 및 인테리어 전문기업
- 홈퍼니싱 및 리하우스의 구조적 성장으로 밸류상승

코로나19 사회적 거리두기로 인해 많은 사람들이 재택근무나 원격수업을 하며 집 안에 머무는 시간이 길어졌다. 또한 카페나 식당 방문을 자제하면서 음식을 직접 만들거나 배달해서 먹는 일도 늘어나고 있다. 이렇듯 집에서 머무는 시간이 길어지면서 집은 단순한

휴식공간을 넘어서 다기능 공간으로서의 활용도가 높아지고 있다.

이에 따라 가구구입과 재배치로 개성과 취미를 살리는 홈퍼니싱 수요가 증가하고 있다. 소파와 같은 거실가구의 수요가 늘었고, 재택근무나 온라인 수업을 위한 책상과 의자의 수요도 확대되었다. 또한 집밥을 먹는 횟수가 늘어나며 주방가구 구매도 증가했다.

2018년 말 기준으로 준공 후 30년 이상 경과한 건축물은 전체 건축물 재고의 37.1%를 차지하고 있으며, 이러한 노후 건축물 중 주거용이 차지하는 비중은 수도권과 지방 각각 32.8%, 50.9%로 가장 많다. 이에 따라 건축물 리모델링 시장의 경우 향후 견조한 성장세가 예상된다.

이러한 홈퍼니싱 수요의 증가와 리모델링 시장의 성장으로 한샘은 수혜가 가능할 것이며, 이는 향후 밸류상승의 원동력으로 작용할 것이다.

한샘 리하우스는 특정 인테리어 콘셉트에 맞게 마루, 바닥 등 건자재와 가구, 생활용품까지 모두 제공하는 리모델링 패키지 전문 브랜드로, 업계 최초로 상담에서 설계, 시공, A/S까지 전 과정을 일원화했다.

이러한 리하우스 사업 전개를 위해 2019년에는 500여 개의 독점적 대리점 망을 구축했으며, 2020년 대량 시공체계를 확립했다. 이와 같이 직시공을 확대할 수 있는 인력과 숙련도 등의 여건이 마련됨에 따라 패키지 판매와 더불어 직시공 확대는 향후 매출성장과 수익성 개선에 긍정적인 영향을 미칠 것이다.

무엇보다 현재 한샘의 B2C 인테리어 시장에서 점유율이 10%

도 되지 않은 상황에서 리하우스의 장점인 시간절약, 가격의 투명성, A/S 효율성 등으로 인한 구조적인 성장으로 향후 시장점유율을 끌어 올릴 것이다.

▎제4차 산업혁명으로 스마트 헬스케어 시대가 도래하고 있다
▎코로나19로 스마트 헬스케어가 수요자 중심 의료서비스를 촉진시킨다
▎코로나19 치료제와 백신 개발현황을 파악하자
▎CMO(위탁생산)의 공급부족과 재편 가능성이 커지고 있다
▎다가올 3년, 꼭 사야 할 스마트 헬스케어 관련 투자 유망주

4부

세 번째 혁신코드 '헬스케어'

: 코로나19가 스마트 헬스케어를 촉발시킨다

Green·Digital·Health care

제4차 산업혁명으로
스마트 헬스케어 시대가 도래하고 있다

스마트 헬스케어는 의료와 지능정보기술[사물인터넷(IoT), 빅데이터(BigData), 인공지능(AI), 클라우드(Cloud)]이 융합된 형태로 혁신 의료서비스를 창출할 수 있을 것이다. 스마트 헬스케어 시장의 규모는 앞으로도 급속히 성장할 것이다.

스마트시대에는 각종 센서와 유무선 통신기술을 통한 현실과 디지털 세상의 컨버전스로 삶의 편의성이 획기적으로 개선될 수 있다. 다시 말해서 사물인터넷(IoT), 빅데이터(BigData), 인공지능(AI), 클라우드(Cloud) 등을 통해 지능정보가 생성되고 융합되면서 사회, 경제 등 모든 분야에 보편적으로 활용되고, 그것이 새로운 가치를 창출하며 발전되는 사회가 바로 스마트시대이다.

제4차 산업혁명으로 진정한 스마트시대(지능화+초연결)가 전개될 것이다. 지능화와 초연결로 인한 지능정보기술(사물인터넷, 빅데이터, 인공지능, 클라우드)의 융복합으로 스마트카, 스마트공장, 스마트홈, 스마트시티, 스마트 헬스케어 같은 스마트 시스템 구축이 가능하며, 이 시스템이 사회 전반적으로 활용되고 다양한 문제에 대응하면서 효율성을 증대시켜 인류의 삶을 보다 더 나아지게 할 것이다.

더불어 제4차 산업혁명으로 인해 스마트 헬스케어 시대가 도래하고 있다. 스마트 헬스케어는 의료와 지능정보기술이 융합된 형태로, 의료 데이터를 기반으로 지능화된 서비스를 제공해 환자의 개인별 건강상태를 실시간으로 모니터링 및 관리할 수 있게 한다. 이런 기반을 바탕으로 건강정보와 질병상태를 분석하면서 최적화된 맞춤형 의료서비스가 가능해진다.

이러한 스마트 헬스케어 생태계에는 개인건강과 웰니스 기기를 생산하는 하드웨어 업체, 의료·건강 정보 솔루션, 개인건강기록 솔루션, AI 기반 분석툴, 플랫폼 등을 공급하는 소프트웨어 기업과 건강정보·분석 서비스, 개인 맞춤형 건강관리 서비스, 원격의료 등을 제공하는 병원 등의 서비스 업체로 구분된다.

스마트 헬스케어 산업이 성장하는 배경으로는 의료서비스의 패러다임 전환, 인구 고령화 및 만성질환자 증가, 기술발전으로 인한 스마트 헬스케어 데이터 증가, 혁신서비스 창출 등이 있다.

스마트 헬스케어가 성장하게 된 배경

먼저 지능정보기술의 발달로 의료서비스의 패러다임이 질병이 발생한 후에 치료하는 치료·병원 등 공급자 중심에서 스스로 건강을 관리하는 예방·소비자 등 수요자 중심으로 변화하고 있다.

즉 4P(예측: Predictive, 예방: Preventive, 개인맞춤: Personalized, 참여: Participatory)로 의료서비스 패러다임이 변화되고 있다.

웨어러블 디바이스와 같은 스마트 기기의 보급확산으로 개인 스스로 자신의 식사 습관, 혈압, 운동, 활동량 등 다양한 데이터를 수집할 수 있고, 이러한 지속적인 모니터링이 건강상태를 분석하는 데 유용하게 사용될 수 있다. 이와 같이 헬스케어 관련 정보를 생성하는 곳이 병원 중심에서 개인 일상생활로 확장되면서 활용 가능한 데이터의 양과 다양성이 기하급수적으로 증가하고 있다.

개인건강정보 등 스마트 헬스케어 데이터가 의료서비스 패러다임이 변화하는 데 핵심적인 역할을 하면서 스마트 헬스케어는 지속적으로 성장할 것으로 예상된다.

두 번째로 출산율이 감소하는 환경에서 기대수명 증가로 인한 인구 고령화와 만성질환자 증가가 경제 저성장 추이와 맞물려 개인 의료비 지출과 국가재정 부담이 심화되는 추세이다. 스마트 헬스케어를 통한 개인별 특성에 따른 맞춤형 의약품으로 기존의 질환에 따른 범용 의약품보다 치료효과는 높이고, 사용량을 줄일 수 있을 것이다. 이는 곧 급속한 고령화와 만성질환자 증가로 인해 늘어나는 개인의료비에 대해 새로운 해결책을 제시한다.

세 번째는 기술의 발전으로 인한 스마트 헬스케어 데이터 증가와 혁신서비스 창출이다. 스마트 헬스케어 데이터는 개인건강정보(PHR, Personal Health Record), 유전체 정보, 전자의무기록(EMR, Electronic Medical Record)으로 구분할 수 있는데, 지능정보기술과 헬스케어 기술의 혁신으로 데이터의 종류, 양, 생성속도가 급증하고 있다.

기술이 인간의 삶과
융합하다

특히 유전자 분석 비용과 시간 감소로 인해 활용성이 증대되고 있다. 유전체란 우리 몸을 구성하고 생명을 유지하는 필수 유전물질로서 기본단위는 DNA다. 유전체 정보의 경우 한 사람당 약 30억 개, 1테라바이트(TB)에 달하는 유전체 염기쌍의 서열로서, 정밀 의료(Precision Medicine), 개인 맞춤형 신약 개발, 유전자 편집, 합성 생물학을 구현하는 핵심 열쇠이다.

기존에는 유전자 분석비용이 높아 유전자 변이를 확인할 비교 데이터가 부족했고, 대량의 데이터를 저장하고 분석할 수 있는 ICT 기술이 없었으나 2010년 이후 차세대 염기서열 분석 기술(NGS, Next Generation Sequencing)의 발전으로 인해 서비스 비용과 소요시간이 크게 감소하면서 데이터가 늘어나고, 머신러닝 등으로 빅데이터 분석이 가능해지고 있다.

이에 따라 유전체 정보를 활용해 질병의 세부특성을 구분하고 맞춤형 치료법이나 약물을 제시하는 정밀의료 구현이 가능해지면서 질병예방과 맞춤형 의학이 가능해진다. 가령 할리우드 배우 안젤리나 졸리가 유전체 분석으로 유방암 발병 위험이 높다는 결과를 얻었듯이 개인 유전체 분석으로 걸릴 가능성이 높은 질병을 미리 알 수 있으며, 개인 유전자에 따라 암 발병 원인과 항암제 효능이 다르므로 개인 유전체 분석을 통한 맞춤형 암 치료제가 나올 수 있을 것이다.

의학용뿐만 아니라 미용, 건강관리에도 유전체 정보가 활용될 수 있을 것이다. 피부, 비만, 탈모 등 미용과 관련한 유전자를 분석해 개인 맞춤형 서비스를 제공해줄 수 있을 뿐만 아니라 개인 유전체 정보, 운동, 신체정보 등을 결합해 맞춤형 건강관리 서비스를 제공할 수 있다.

한편 전자의무기록(EMR)은 의료기관에서 종이차트에 기록했던 인적사항, 병력, 건강상태를 비롯해 처방정보, 처방결과 등을 전산화한 형태를 말한다. 유전체 정보와 개인건강정보가 건강개선, 질환치료 및 예방 등의 구체적인 임상적 가치와 연결되기 위해서는 전자의무기록을 바탕으로 데이터가 분석되어야 한다. 전 세계적으로 의무기록의 디지털화 추세가 가속화되고 있어 그 활용성이 더욱 제고될 것으로 기대된다.

이러한 기반에서 의료용 데이터를 클라우드로 저장하면 데이터 분석도구 활용이 편리해진다. 이에 따라 미국의 경우 대부분의 병원이 기존 시스템을 버리고 클라우드 환경으로 전환했다.

클라우드 기술을 통한 빅데이터 수집과 분석이 용이해지고 컴퓨터 처리속도와 성능향상으로 인공지능 기술 발전이 가속화되고 있다. 진료 시 의사와 환자 간의 대화가 음성인식 시스템을 통해 자동으로 컴퓨터에 입력되고, 저장된 의료차트와 의학정보 빅데이터를 통해 질병 진단정보를 제공하거나, 컴퓨터 스스로가 환자의 의료 영상 이미지를 분석하고 학습해 암과 같은 질환에 대한 진단정보를 제공함으로써 의사의 진단을 도울 수 있다.

또한 인공지능 기술은 빠른 시간 안에 습득이 불가능한 의학 잡지, 논문 데이터, 임상 의료 데이터를 분석하고 수십만 건에 달하는 의학적 근거를 학습함으로써 진단의 효율성을 높일 수 있다. 가령 IBM의 Watson for Oncology는 암 진단·치료를 돕는 인공지능 소프트웨어로 데이터베이스에 종양학과 관련된 전문지식, 의학 학술지, 의학서 등의 의료 정보가 구축되어 있다. 의사가 환자의 정보를 입력하면 빅데이터를 바탕으로 가장 성공률이 높은 치료법을 제안하는 것으로, 전 세계 각국의 의료기관에서 진단보조로 활용되고 있을 뿐만 아니라 암을 비롯해 여러 의료 분야에서 사용될 수 있도록 기능을 지속적으로 개선중에 있다.

스마트 헬스케어는
급속히 성장중

인공지능 기술의 발전은 시간과 공간의 제약을 극복하고 만성질환자에게 적시의 의료서비스를 제공받을 수 있게 해준다. 웨어러블 기기로 24시간 모니터링을 통해 데이터를 수집하고, 인공지능 기술을 활용해 다른 데이터와 연계·분석해 이상신호를 판단함으로써 적시에 전문 의료서비스를 받을 수 있도록 요청할 수 있고, 전문의에게 필요한 정보를 함께 전달함에 따라 응급의료의 효율성도 증가시킨다.

예를 들면 인공지능 기술이 탑재된 웨어러블 스마트 수트를 입은 사람의 심박동 수를 실시간으로 감지하고, 이상 징후 발견 시 의

사와의 원격진료를 통해 빠른 진단과 처방을 내려 실시간 심장병 치료가 가능하다. 또한 웨어러블 스마트 기기가 개개인의 건강상태를 실시간으로 체크하고 의료비용이 저렴한 병원으로 환자를 안내할 수 있으며, 개인 맞춤형 데이터를 통해 개인별 약물의 부작용을 예측해 처방에 도움을 주는 등 좀 더 빠르고 정확하게 환자를 치료할 수 있다.

무엇보다 의료용 로봇의 경우 부족한 의료진 문제를 해결하고 시간적·공간적 제약을 극복할 수 있게 할 뿐만 아니라 의사의 숙련도에 의존하지 않은 보다 정확하고 안정된 시술이 가능하므로 성장이 가속화될 것으로 예상된다.

궁극적으로는 이러한 사물인터넷, 빅데이터, 인공지능, 클라우드 등 지능정보기술과 결합해 혁신 의료서비스를 창출할 수 있을 것이다.

환경변화와 기술발전에 따른 헬스케어 패러다임 변화

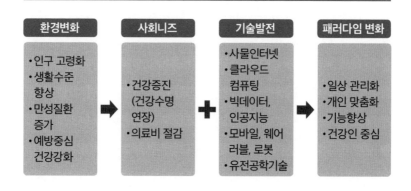

자료: 보험연구원

제4차 산업혁명시대에서는 여러 가지 기술들이 인간의 삶과 융합되어 전반적인 삶의 방식을 크게 변화시키고 있다. 다시 말해 삶의 질을 개선시키고, 장소와 시간에 대한 구애를 받지 않는 업무에 대한 비용절감과 효율성 증대를 가져오고 있다.

스마트 헬스케어의 경우도 의료시장 접근성 제고와 의료비용의 절감, 업무의 효율성 증대 등 긍정적인 효과에 대한 기대감 때문에 소비자뿐만 아니라 의료기관의 수요도 점차 증가하고 있다. 향후 전 세계적으로 스마트 헬스케어 시장의 규모가 급속히 성장할 것이다.

코로나19로 스마트 헬스케어가 수요자 중심 의료서비스를 촉진시킨다

코로나19로 인해 의료 시스템의 디지털 전환으로 스마트 헬스케어가 가속화되면서 질병이 발생한 후에 치료하는 치료·병원 등 공급자 중심에서 스스로 건강을 관리하는 예방, 소비자 등 수요자가 중심이 되는 의료서비스 패러다임의 변곡점을 마련할 것이다.

코로나19로 인해 전 세계적으로 자유로운 이동이 제한됨에 따라 건강·의료서비스를 찾는 소비자들에게도 많은 변화가 찾아오면서 스마트 헬스케어 시장이 급부상하고 있다. 코로나19 확산 저지를 위해 의료산업과 여러 ICT기술이 융합되어 다양하게 활용되고 있다.

가령 인공지능 기술을 의료영상 분석에 적용해 코로나19 감염 유무, 질환 중증도 판단 보조도구로 활용하는 등 의료기기 분야에서의 활용은 물론이고 신속한 치료제 개발을 위해 약물 재창출 방식에 인공지능 기술을 이용해 후보물질 도출을 시도하고 있다.

무엇보다 사람들이 바이러스 감염 가능성 등에 대한 불안으로 병원에 방문하기를 기피하고 있어 직접 방문하지 않고도 기본적인 건강 체크나 의사와의 진료까지도 가능한 원격의료에 대해 높은 관심을 보이고 있다.

　코로나19 확산으로 폭발적으로 증가한 의료서비스 수요를 효율적으로 충족시키기 위해 원격의료의 활용이 확대되는 추세이다. 여기서 원격의료는 환자에게 제공되는 진단, 치료, 평가, 모니터링, 커뮤니케이션 등의 모든 의료 행위를 원격정보와 디지털 네트워크 기술을 이용해 제공하는 서비스이다. 원격의료에서는 의사와 환자가 화상회의를 통해 실시간 상담이나 진료가 가능하며, 엑스레이나 CT 촬영 등 대용량의 디지털 이미지를 저장하고 전송할 수 있다. 또한 전자장치를 통해 환자의 건강정보를 의사에게 전달할 수 있어 원격으로 환자의 상태를 확인하는 모니터링도 가능하다.

원격의료가 크게
주목받고 있다

　코로나19로 인해 여러 국가에서 원격의료가 크게 주목받고 있다. 미국은 1990년대부터 원격의료가 합법화됐고, 최근 몇 년 동안 폭발적으로 성장해왔다. 그럼에도 불구하고 환자가 대면진료에 비해 원격의료를 선호하지 않았기 때문에 전체 진료에서 원격의료가 차지하는 비중은 높지 않았다. 그러던 중 코로나19가 발생하면서 원격진료를 먼저 찾겠다는 환자의 비율이 증가하는 등 환자들의 원격의료 선호도가 높아지자, 코로나19 대응 긴급예산에서 메디케어(Medicare, 연방건강보험 프로그램으로 일반적으로 65세 이상의 노인 또는 장애인이 가입)를 통해 원격의료서비스를 보장하는 데 약 5억 달러의 예산을 배정했다.

2015년 원격의료를 허용한 일본의 경우 초진은 대면진료로 진행하는 것이 원칙이었다. 하지만 2020년 4월 일본 후생노동성은 초진의 원격의료를 한시적으로 허용했으며, 대상범위도 고혈압과 같은 만성질환에서 알레르기 질환, 폐렴 등으로 확대했다. 또한 의약품 배송도 허용했다.

중국의 경우 고령화와 의료인력 부족 등 의료서비스 문제들을 해결하고자 2014년부터 원격의료서비스의 허용 범위를 규정하고 허용했다. 2016년에는 2030년까지 16조 위안을 투자해 헬스케어 플랫폼을 구축하고, 디지털 기술을 활용한 다양한 비즈니스 모델을 육성하고 개발한다고 발표했다. 2020년 3월 국가의료보험국과 국가위생건강위원회가 코로나19 방역기간 동안 '인터넷+의료보험 서비스 추진'에 대한 의견을 발표하면서 온라인 의료서비스의 보험결제 통로를 마련하고 비대면 약품 구매 서비스 제공을 확대했다.

우리나라의 경우 정부가 코로나19 확산에 대응하기 위해 2020년 2월 24일부터 환자가 의료기관을 직접 방문하지 않고도 전화상담과 처방을 받을 수 있도록 하면서 한시적으로 원격진료를 허용했다. 그럼에도 불구하고 법적으로 원격의료를 도입하는 데 대해 이해관계자 간 입장차이가 있다. 그러나 현재 변화되고 있는 스마트 헬스케어의 생태계를 고려할 때 원격의료의 적용 범위와 활용 대상을 특정지을 경우 견해 차이를 줄일 수 있을 것이다. 왜냐하면 의료계는 대면진료가 가능한 상황에서 의사-환자 간 원격진료를 하는 것에 대해 전반적으로 부정적인 견해를 보이고 있으면서도 의료 분야에 정보통신기술(ICT)을 접목한 스마트 헬스케어 기술의 활용에는 상대적으로 적극적인 태도를 보이고 있기 때문이다.

코로나19 바이러스에 대응하기 위해선 원격 환자 모니터링도 중요하다. 이는 센서, 웨어러블을 활용해서 병원 밖의 환경에 있는 환자의 활력징후 등을 모니터링하는 것이다. 가령 자가격리하고 있는 환자의 체온, 산소포화도, 호흡수를 사물인터넷 센서, 웨어러블 디바이스로 측정하고, 의료진이 원격으로 모니터링할 수 있다.

이와 같은 원격의료를 하더라도 처방약을 받으려면 대면이 필요한 상황이기 때문에 의약품 배송서비스도 고려되어야 한다. 아마존은 지난 2018년 처방약 유통업체인 필팩을 10억 달러에 인수하며 의약품 배송 서비스를 본격화했다. 그러나 우리나라 현행 약사법은 온라인 약국과 약국 외 장소에서 의약품 판매를 금지하고 있다.

이러한 원격의료는 스마트 헬스케어의 극히 일부분으로 스마트 헬스케어가 제대로 이뤄지려면 스마트 의료기기를 활용한 환자와 병원 간의 디지털 헬스케어 시스템 구축이 필요하다. 즉 웨어러블 기기, 삽입형 의료기기, 스마트폰 등을 통해 측정한 환자의 의료 데이터가 플랫폼으로 전송되고, 이를 전국적으로 모니터링하면 신종 감염병에 신속 대응이 가능하다.

궁극적으로 향후 의료 생태계는 디지털 기술을 바탕으로 의료관련 여러 주체들이 소비자를 중심으로 포괄적인 서비스를 제공함으로써 다양한 가치를 창출할 것으로 예상된다.

건강기능식품 시장 역시
급성장하고 있다

건강기능식품 시장은 평균 수명의 증가, 건강과 삶의 질에 대한 관심의 증가로 인해 지속적으로 성장해왔다. 한편 면역력은 세균이나 바이러스 같은 병원성 미생물로부터 신체를 보호하는 방어능력인데, 외부 침입으로부터 신체를 공격하는 병원균뿐만 아니라 우리 몸 내부에서 증식할 수 있는 알레르기 항원이나 암세포의 성장을 막는 중요한 역할을 한다. 2009년 신종플루와 2015년 메르스 발생 때에도 이러한 면역력에 대한 관심이 증가하며 다양한 건강기능식품 카테고리에 큰 영향을 미친 바 있다.

특히 최근 전 세계적으로 코로나19 바이러스가 확산됨에 따라 면역력 증진에 도움을 줄 수 있는 원료가 첨가된 건강기능식품에 대한 관심이 높아지고 있어, 매크로 변수와 무관하게 안정적인 성장이 기대된다.

코로나19 이후에도 바이러스 감염에 대한 우려가 일상화되면서 앞으로도 건강데이터의 수집과 공유가 중요해질 것이다.

무엇보다 코로나19로 인해 의료시스템의 디지털 전환으로 스마트 헬스케어가 가속화되면서 질병이 발생한 후에 치료하는 치료·병원 등 공급자 중심에서 스스로 건강을 관리하는 예방, 소비자 등 수요자가 중심이 되는 의료서비스 패러다임의 변곡점이 마련될 것이다.

코로나19 치료제와
백신 개발현황을 파악하자

세계 곳곳에서 코로나19 치료제와 백신을 개발하고 있다. 치료제는 약물재창출, 혈장치료제, 항체치료제, 신약개발 등 4가지 파이프라인으로 추진되고 있으며, 백신의 경우 임상시험 단계를 거쳐 상용화에 속속 진입하고 있는 중이다.

코로나19(COVID-19) 바이러스란 SARS-CoV-2 감염에 의한 호흡기증후군으로 CO는 코로나, VI는 바이러스, D는 질환, 19는 발발한 연도를 의미한다. 중국에 이어 확진자가 전 세계에 속출하면서 WHO는 홍콩독감(1968), 신종플루(2009)에 이어 사상 세 번째로 코로나19에 대해 세계적 대유행(Pandemic)으로 선포했다.

코로나19에 대한 정확한 진료지침이 없기 때문에 전문가들의 권고안에 따라 치료가 이뤄지고 있다. 의료진 판단에 의해 투여시도가 가능한 상황으로 칼레트라, 리바비린·인터페론, 하이드록시클로로퀸, 혈장치료 등을 이용하고 있다. 이에 따라 전세계 여러 제약·바이오기업에서 코로나19 대유행을 막기 위해 치료제와 백신개발을 추진중에 있다.

치료제와 백신 개발에
사활을 걸다

치료제는 약물재창출, 혈장치료제, 항체치료제, 신약개발 등 총 4가지 파이프라인으로 추진되고 있다. 약물재창출의 경우 에볼라바이러스치료제, HIV(인간면역결핍바이러스)치료제, C형간염치료제, 독감치료제와 같은 기존의 항바이러스제가 코로나19 치료에 효과가 있는지 입증하기 위한 기존자료 검색, 임상시험, 해당 약물의 긴급사용승인으로 활발하게 이루어지고 있다.

혈장치료제는 완치자의 혈액에 항체가 생겼다는 가정하에 완치자의 혈장을 분리하고, 정제·제제화를 통해 감염환자에게 투입하는 방법이다. 개발기간이 상대적으로 짧지만 개발·생산 시 충분한 혈장 확보가 필요하다.

항체치료제는 세포주를 이용해 인공항체를 만드는 방식이다. 코로나19(항원)에만 반응하는 항체 단백질을 발견하고 개발해 치료제로 활용하는 방법이다. 의약품 중 빠르게 성장하는 분야이지만 상대적으로 개발 기간이 길다.

신약개발은 전 임상시험의 후보물질 발굴이라는 첫 단계부터 허가완료·판매의 전 단계에 걸쳐 새로운 약을 개발하는 것이다. 개발기간이 매우 길고, 비용이 크게 발생한다는 단점이 있다.

2020년 10월 27일 기준으로 국내에서는 부광약품(레보비르, 항바이러스제), 엔지켐생명과학(EC-18, 면역조절제), 신풍제약(피라맥스, 항바이러스제), 대웅제약(DWJ1248, 항바이러스제), 셀트리온(CT-P59,

중화항체치료제), 녹십자(GC5131, 혈장분획치료제) 등이 환자를 모집해 임상시험을 진행하고 있다.

백신은 사람이나 동물에서 병원체에 의해 발생하는 질병을 예방하고 치료하기 위해 병원체 자체나 구성물질의 일부 또는 독소를 적절한 방법으로 처리함으로써 생체 내에서 항체형성을 유도할 수 있는 항원을 함유하는 생물학적 제제를 말한다. 백신의 기본원리는 항원이 포함된 백신 접종으로 몸의 면역체계를 활성화시키고 이를 통해 향후 침범하게 될 병균에 대해 우리 몸이 빠르게 대처할 수 있도록 하는 것이다. 즉 백신은 독성이 없는 병원체를 이용한 질병예방법이다.

백신 임상시험은 환자가 아닌 건강한 사람을 대상으로 하기 때문에 인허가 기준이 훨씬 엄격하고 까다롭다. 이로 인해 백신 개발기간이 치료제 개발기간보다 더 오래 걸린다.

최근 글로벌 제약업체들은 코로나19 바이러스 확산을 막기 위한 백신 개발경쟁을 벌이고 있다. 기존 기술이 아닌 새로운 백신 개발 방식으로는 바이러스 전달체 백신, 핵산을 이용한 백신, 합성 항원 백신 등이 있다.

바이러스에는 사람 몸에 침투하기 위한 역할을 하는 스파이크 단백질이 있는데, 바이러스 전달체 백신의 경우는 이 스파이크 단백질을 만드는 유전자를 이용해 병을 일으키지 않는 다른 바이러스를 외부에서 스파이크 단백질로 만들어 백신으로 사용하는 방식이다. 즉 바이러스에 스파이크 단백질을 가졌지만 인체에 해가 되지 않는 바이러스를 유전자 조합으로 만드는 것이다.

세계 곳곳에서의
백신 개발현황

영국 아스트라제네카, 미국 존슨앤드존슨의 백신이 바이러스 전달체 백신이다. 일반적으로는 면역 유지기간이 길다는 장점이 있지만 생산과정이 복잡하고, 전달체로 이용하는 바이러스에 이미 노출되었던 사람들에겐 면역이 잘 생성되지 않는다는 단점이 있다.

핵산을 이용한 백신의 경우는 스파이크 단백질을 만드는 DNA나 RNA 조각을 인체에 접종하고, 그 조각의 정보를 이용해 생겨난 스파이크 단백질이 면역반응을 유도하는 항원역할을 함으로써 인체에서 항체가 만들어지도록 하는 것이다.

미국의 화이자(독일 바이오엔텍과 공동개발)와 모더나 백신은 mRNA(메신저 RNA) 백신이다. mRNA는 유전정보를 세포질 안에 전달하는 RNA이다. 바이러스의 스파이크 단백질을 만드는 정보를 담은 mRNA를 몸에 넣어서 스파이크 단백질을 만들고 그 단백질이 항원이 되는 것이다. mRNA 백신은 다른 백신보다 제조가 쉽고 개발이 빠른 것으로 알려졌지만 모더나 백신은 영하 20도, 화이자 백신은 영하 70도의 초저온 유통·보관망을 필요로 한다.

마지막으로 합성 항원 백신의 경우 항원을 유전자 재조합 기술로 합성해서 제조하는 방식이다. 유전자 재조합 기술을 통해 바이러스의 스파이크 단백질을 대장균이나 동물 세포, 곤충 세포에서 키우고, 그렇게 생산한 백신을 몸에 주입함으로써 인체가 바이러스를 무력화하는 중화 항체를 만들어 그 항체가 병원균의 침입을 인식해 방어할 수 있도록 만드는 것이다.

　미국 노바백스의 백신이 합성 항원 백신으로, 바이러스 방어에 필요한 항원에서만 면역반응이 일어나 부작용을 최소화하고 면역력 형성에 방해되는 간섭현상도 줄일 수 있다. 하지만 스파이크 단백질을 외부에서 만들어 주입하는 과정이 복잡하고 시간이 오래 걸린다는 단점이 있다.

　한편 화이자 백신의 경우 임상시험 3상에서 4만 3,538명을 두 그룹으로 분류해, 한쪽에는 코로나19 백신 후보물질을 투여하고, 다른 쪽에는 플라세보를 줬다. 이후 모든 피험자의 코로나19 감염여부를 추적했으며, 코로나19에 걸린 사람은 두 그룹을 합쳐 94명이었다. 이 가운데 백신 후보물질 접종자는 10%가 채 안 된다. 즉 코로나19 감염자의 90% 이상이 위약 접종군에서 나왔다는 의미다. 이에 따라 2020년 11월 9일 백신 후보물질의 코로나19 감염 예방 효과가 90% 이상이라고 발표했다.

　화이자는 미국 식품의약국(FDA)에 2020년 11월 20일 긴급사용 신청을 했으며, 12월 11일에 긴급사용이 승인되었다.

　각국 의약당국에 승인절차를 거쳐 2020년 중 5,000만 회 분량의 백신을 생산하고, 2021년 말까지 13억 회 분량을 생산할 예정이다. 화이자의 백신은 섭씨 영하 70도 이하에서 보관해야 최대 6개월 동안 보관이 가능하다.

　모더나 백신의 경우 2020년 7월 27일 미국 89개 도시에서 코로나19 백신 후보물질 mRNA-1273 임상 3상에 착수했다. 시험 참가자는 3만 명으로 65세 이상 7,000여 명과 65세 미만이지만 고위험 만성질환이 있는 5,000여 명 등 코로나19 고위험군이 전체의 42%를 차지했다. 2020년 11월 17일 백신 후보의 예방률이 94.5%라는 중간결과를 발표했다. 이는 임상시험 참여자 중 95건의 감염사례에 기초한 것으로, 이들 사례 가운데 백신을 접종한 비율은 5건에 그쳤으며, 90건의 발병은 가짜 약을 접종한 경우였다.

또한 최종 임상결과는 94.1%의 예방효과를 나타냈다. 이에 따라 모더나는 미국 식품의약국(FDA)에 2020년 11월 30일에 긴급사용을 신청했으며, 12월 18일에 승인되었다. 모더나 백신은 가정용 냉장고의 냉동온도에 가까운 섭씨 영하 20도에서 6개월까지 보관이 가능하다.

아스트라제네카 백신의 경우 2020년 11월 3상 임상시험 초기 데이터 분석 결과, 면역 효과가 평균 70%로 분석되었다. 영국과 브라질에서 절반씩, 2만 3,000명을 대상으로 시험을 진행했는데, 그 결과 백신을 2회 접종한 참가자 중에서 코로나19 확진자는 30명, 가짜 약을 투약받은 사람 중에서는 101명의 확진자가 각각 나왔다.

구체적으로 최소 한 달 간격으로 각각 1회 분량의 백신을 접종할 경우의 면역 효과는 62%에 그쳤으나, 첫 번째는 백신 1회분의 절반 용량, 두 번째는 1회분 전체 용량을 투약했을 경우의 예방효과는 90%로 상승했다.

미국 식품의약국(FDA)은 접종승인을 위한 검토를 2021년으로 연기한 상태이다. 하지만 영국의 의약품건강관리제품규제청(MHRA)에서는 2020년 12월 말에 백신 사용을 승인했다.

존슨앤드존슨(J&J)이 자회사인 얀센과 함께 개발중인 코로나19

백신의 경우 임상 3상에 4만 5,000명의 참가자가 등록했으며, 2021년 1월 말까지 중간 결과를 발표할 것으로 예상된다. 연구결과가 안전하고 효과적일 경우 2020년 2월에 미국 식품의약국(FDA)에 긴급사용 승인을 신청해 상용화에 나서겠다는 계획이다.

우리나라의 경우도 백신을 개발중에 있다. SK바이오사이언스의 경우 합성 항원 방식으로 2020년 11월 임상 1상 시험계획(IND)을 식품의약품안전처로부터 승인받았다. 이 밖에 제넥신, 진원생명과학 등도 임상을 추진중에 있다.

CMO(위탁생산)의 공급부족과 재편 가능성이 커지고 있다

바이오 의약품, 맞춤의학 부문의 성장으로 제조역량의 중요성이 더욱 커짐에 따라 아웃소싱 추세가 확대되고 있다. 이러한 환경에서 코로나19로 의약품 시장에서 200여 개의 약품이 동시에 개발되는 상황이 벌어지고 있어 의약품 원부자재의 공급차질이 발생하고 있다.

CMO(Contract Manufacturing Organization, 위탁생산)는 제약기업에 서비스를 제공하는 여러 종류의 아웃소싱 업체 중 생산 대행 기업을 뜻하며, 분야별로는 원료의약품(API: Active Pharmaceutical Ingredients), 의약품 중간체(Intermediates), 완제의약품(Finished Dose Formulation) 제조 및 포장으로 분류된다. CMO는 효율적인 경영을 꾀하는 대형 제약사뿐만 아니라 생산시설을 보유하지 않았거나 부족한 중소형 바이오·제약 기업들에게 유용하다.

CMO를 활용하면 수요 가감에 따라 생산용량 가감이 손쉽게 이루어진다. 의약품의 경우 생산지를 변경하려면 추가 허가절차에 긴 시간이 소요되는데, CMO를 포함해 여러 공장에 사전 허가작업을 진행해놓으면 수요급증, 천재지변 등에 유연하게 대응할 수 있다.

바이오 의약품 시장이
계속 커지고 있다

CMO 시장은 의약품 시장의 일부분인 만큼 의약품 시장과 연동된다. 합성 의약품은 대부분 특정 환자군을 타깃하지 않고 다수의 환자군에게 폭 넓게 사용될 수 있는 화학물질로 이루어져 있기 때문에 신약개발 건수가 점점 낮아지는 가운데 기존 블록버스터 약품들의 특허가 만료됨에 따라 시장 규모 성장이 정체되고 있다. 반면에 바이오 의약품은 생물공학 기술(유전자재조합 기술, 세포배양 기술 등)을 이용해 사람이나 다른 생물체에서 유래된 것(단백질)을 원료로 함으로써 특정 환자군을 타깃으로 효과적이고 부작용이 적은 신약들이 개발되고 있어 향후 높은 성장률이 기대되고 있다.

바이오 의약품 제제별로 생물학적 제제(생물체에서 유래된 물질이나 생물체를 이용해 생성시킨 물질을 함유한 의약품으로서 각종 백신, 혈액제제 및 항독소 등을 의미), 유전자재조합의약품(유전자 조작으로 개발한 미생물 배양을 통해 필요한 단백질을 생산해 만드는 단백질 치료제의 일종으로 인슐린, 성장 호르몬, 인터페론 등이 주를 이루고 있음), 세포배양의약품(세포주를 이용해 인공항체를 만들어내는 항체치료제가 이에 속하며 세계 바이오 의약품 시장의 큰 비중을 차지), 세포치료제(살아있는 자가 동종, 이종 세포를 체외에서 배양·증식하거나 선별하는 등 물리적·화학적·생물학적 방법으로 조작해 제조하는 의약품으로 체세포치료제, 줄기세포치료제가 이에 속함), 유전자치료제(질병치료를 목적으로 유전물질 발현에 영향을 주기 위해 투여하는 유전물질 또는 유전물질이 변형되거나 도입된 세포

중 어느 하나를 함유한 의약품) 등으로 구별된다.

　EvaluatePharma에 의하면 글로벌 바이오 의약품 시장규모는 2020년 기준 2,872억 달러로 전체 의약품 시장에서 30.1%의 비중을 차지하고 있다. 이 시장은 향후 2024년까지 연평균 9.8% 성장해 시장 규모가 4,167억 달러에 이를 것으로 예상된다. 이에 따라 전체 의약품 시장에서 바이오 의약품이 차지하는 비중은 2024년 33.4%로 증가할 것으로 예상된다.

CMO 시장이
엄청난 속도로 커지고 있다

　블록버스터급 오리지널 바이오 의약품 특허가 순차적으로 만료될 예정에 있어 향후 바이오시밀러 시장도 급속히 확대될 것으로 예상된다. 또한 차세대 항체, RNA 치료제, 유전자 치료제, 세포 치료제 등의 의약품 개발로 시장성장에 기여할 것이다.

　이러한 글로벌 바이오 의약품 시장 성장에 힘입어 글로벌 바이오 CMO 시장규모도 확대될 것으로 예상된다. Frost & Sullivan에 따르면 글로벌 바이오 CMO 시장 규모는 2019년 기준 119억 달러이며, 2025년까지 연평균 13.4% 성장해 시장 규모는 253억 달러에 이를 것으로 예상된다.

　CMO업체들의 경우 One Stop Shop 솔루션 제공업체로 거듭나기 위해 의약품 제조 서비스와 후보물질 도출, 개발 등 위탁개발

서비스(Development)를 통합한 CDMO(Contract Development and Manufacturing Organization, 위탁개발생산) 서비스를 제공하는 비즈니스 모델로 전환하는 추세이다.

무엇보다 바이오 의약품, 맞춤의학 부문의 성장으로 제조역량의 중요성이 더욱 커짐에 따라 아웃소싱 추세가 확대되고 있다. 이에 따라 제약기업들은 CMO 또는 CDMO와 중장기적인 파트너십을 구축해 안정적이고 효율적인 공급망 확보에 주력하고 있다.

이러한 환경에서 코로나19로 의약품 시장에서 200여 개의 약품이 동시에 개발되는 상황이 벌어지고 있다. 이에 따라 의약품 원부자재 수요가 20~30% 이상 급격히 늘어나면서 공급차질이 발생하고 있다.

이렇듯 코로나19를 계기로 의약품 원부자재 공급차질을 경험함에 따라 서구에 편중된 공급선이 향후 다변화될 것으로 예상된다. 더불어 약 공급의 경우도 그동안 중국·인도에 의존했다면 우리나라를 포함한 여러 나라의 생산이 늘며 편중현상이 완화될 것으로 예상된다.

다가올 3년, 꼭 사야 할
스마트 헬스케어 관련 투자 유망주

CMO - SK케미칼, 에스티팜, SK, 삼성바이오로직스, 녹십
자, 바이넥스, 동구바이오제약

디지털의료서비스 - 오스템임플란트, 레이, 비트컴퓨터, 유
비케어

인프라 - 동아쏘시오홀딩스, 제이브이엠, 메디아나

바이오 - 엔지켐생명과학, 테고사이언스

건강기능식품 - 콜마비앤에이치, 서흥, 노바렉스, 코스맥스
엔비티, 코스맥스비티아이

수술용로봇 - 고영

SK케미칼(285130)

- 그린케미칼·생명과학 사업 부문을 영위
- 백신 CMO 업체로 거듭난다

경북 안동시에 위치한 SK바이오사이언스의 백신공장 L하우스에서는 연간 1억 5,000만 도즈(1도즈=1회 접종분)의 백신을 생산할 수 있다. 백신 제조공정 노하우를 가지고 있기 때문에 백신개발을 희망하는 기업들에게 개발·제조 서비스 제공이 가능하다.

이러한 환경에서 SK바이오사이언스는 2020년 7월과 8월에 각각 영국 아스트라제네카, 미국 노바백스와 코로나19 백신 CMO계약을 체결했다.

아스트라제네카의 경우 코로나19 백신 AZD1222이 최종임상을 통과할 경우, SK바이오사이언스 백신공장 L하우스에서 원액생산에 들어간다. 백신의 개발 여부에 따라 앞으로 추가 물량을 생산할 방침이다.

노바백스의 경우 향후 개발되는 코로나19 백신에 대한 생산과 항원개발을 함께 맡는다. SK바이오사이언스가 노바백스로부터 코로나19 백신 후보물질 NVX-CoV2373의 항원 제조 기술을 이전받은 후, 추가공정을 개발·생산하는 형태다.

이와 같이 SK바이오사이언스는 백신관련 비즈니스가 가속화되면서 향후 백신 CMO 업체로 거듭날 수 있을 것이다.

SK바이오사이언스는 2020년 11월 임상 1상 시험계획(IND)을 식품의약품안전처로부터 승인받았다. 개발중인 백신은 유전자 재조합을 통해 제조한 합성 항원 백신으로, 타 백신에 비해 안전성이 높은 것이 특징이다. 앞서 SK바이오사이언스는 2020년 3월 코로나19 백신 개발을 위한 정부 국책과제 기업으로 선정된 바 있다.

또한 2020년 5월 SK바이오사이언스는 코로나19 백신항원 개발을 위해 빌&멜린다게이츠재단으로부터 360만 달러의 연구개발비를 지원받았다. 향후에 SK바이오사이언스는 현재 보유중인 3개의 백신 플랫폼 기술을 적용해 다수의 코로나19 백신 후보물질을 발굴하고, 최적의 항원을 찾아 임상후보로 도출하는 작업을 진행할 예정이다.

한편 정부와 방역당국은 코로나19 방역관리 차원에서 선제적으로 독감 예방접종을 확대함에 따라 독감백신 수요증가로 SK바이오사이언스의 수혜가 기대된다.

에스티팜(237690)

- **원료의약품(API) 전문업체**
- **향후 올리고 CMO 공급부족으로 수혜 가능**

에스티팜은 동아쏘시오홀딩스의 자회사로 CMO 방식으로 신약 원료의약품(API)과 제네릭 API를 생산해 판매하고 있다. 무엇보다 글로벌 제약사에 항바이러스계 원료의약품을 공급한 경험을 바탕으로 차세대 치료제로 주목받는 RNA 기반 치료제의 핵심원료인 올리고뉴클레오타이드(Oligonucleotide) 원료의약품 분야로 사업영역을 확장하고 있다.

바이오 의약품은 1세대(호르몬·인슐린·백신), 2세대(항체의약품)에 이어 3세대(RNA 기반 치료제·CART-T 세포 치료제·유전자 치료제·항체 약물결합체·유전자 가위 기술)로 나뉜다. 3세대 바이오 의약품 중 RNA 기반 치료제는 유전자 조절이 가능하기 때문에 중증 만성질환과 희귀질환의 새로운 치료대안으로 부각되고 있다.

이러한 환경에서 올리고뉴클레오타이드를 대량으로 생산할 수 있는 업체는 전 세계에 니토덴코(1.4톤), 애질런트(1톤), 에스티팜 (800kg) 3개사에 불과하다. 따라서 기대를 받고 있는 올리고 기반 신약들이 상용화에 성공할 경우 꽤 오랜 기간 공급자 우위의 시장이 유지될 가능성이 높다.

무엇보다 노바티스 지단백(a)[Lipoprotein(a), Lp(a)] 강하 치료 후보물질 TQJ230 임상 3상의 경우 모집 환자 수만 5만 2,000명 (7,680명 대상·4만 5,000명 대상 2건)에 이르는 데다, 연구도 2024년 까지 진행하는 일정이다. 전 세계에 동맥경화증 환자는 14억 명으로 추정되고 있는 가운데 이 중 직접적으로 TQJ 230 치료 후보군을 몇 명으로 가정함에 따라 원료 수요량이 달라진다. 이에 따라 치료제 출시 이후에는 원료수요가 급격히 증가할 것으로 예상된다.

이와 같이 RNA 기반 신약시장이 급속도로 성장하고 있는 가운데 올리고뉴클레오타이드(Oligonucleotide)를 공급할 수 있는 업체는 한정되어 있기 때문에 향후 에스티팜의 매출은 더욱 더 성장할 것이다.

한편 지난 2018년 안산 반월공장의 증설로 현재 생산규모를

750kg 수준으로 늘렸다. 총 4층 공장인데 1~2층만 사용하고 있으며, 3~4층은 추가로 증설할 예정이다. 이와 같은 생산규모 증설로 인해 올리고뉴클레오타이드 기반 신약 원료의약품(API) 매출이 증가하면서 성장성이 부각될 것이다.

SK(034730)

- **SK그룹의 지주회사**
- **밸류상승을 위한 움직임이 계속된다**

SK의 투자 포트폴리오는 에너지, ICT 영역의 안정적인 수익 기반을 바탕으로 제약·바이오, 반도체, 소재, 신에너지 등의 영역에서 새로운 성장동력을 축적해나가고 있다.

이 중에서 제약·바이오의 경우 SK바이오팜과 SK팜테코의 밸류를 레벨업시키는 동시에 유망 바이오 분야 투자를 통해 밸류상승을 도모할 예정이다.

CMO사업은 제약시장의 환경 변화와 제약사의 아웃소싱 니즈 증대에 따라 고성장을 지속하고 있다. 특히 자체 생산시설이 없는 신생 제약사들의 고성장으로 CMO 잠재고객이 증가하고 있는 중이다.

이러한 환경에서 SK는 SK팜테코를 통해 CMO사업에서의 도약을 준비중이다. SK의 100% 자회사인 SK팜테코는, 한국법인 SK바이오텍과 더불어 SK바이오텍이 2017년 브리스톨마이어스스퀍

(BMS) 아일랜드 CMO를 인수하면서 설립된 SK바이오텍 아일랜드와, 2018년 인수한 미국 CDMO 법인 앰팩(AMPAC)을 자회사로 둔 통합 CMO 법인이다. CMO 생산 규모는 총 100만ℓ 수준이다.

2020년 5월 미국정부는 코로나 대응 필수 의약품 공급처 선정 사업에서 비영리법인 플로우가 주도하는 컨소시엄을 선정했는데, 플로우 컨소시엄에는 앰팩과 함께 2개 기관(시비카, 커먼웰스 대학 M4ALL)이 참여했다. 미국정부와 플로우는 4년간 3억 5,500만 달러 규모의 원료의약품을 공급하는 계약을 체결함에 따라 앰팩이 플로우를 통해 매년 일정 규모로 공급할 예정이다. 이를 계기로 향후 임팩이 미국 내에서 CMO 비즈니스를 확대하는 데 긍정적인 영향을 미칠 것이다.

CMO사업 통합 매출은 2017년 1,094억 원 수준에서 2018년 4,873억 원, 2019년 5,200억 원으로 지속적으로 성장중이다. 2020년 매출의 경우 6,000억 원 이상으로 성장할 것으로 예상된다.

2025년까지 지속적으로 투자해 합성의약품과 바이오의약품을 아우르는 CMO 전체 밸류체인을 완성시켜 CMO 밸류를 레벨업시킬 예정이다.

SK는 미국 로이반트사와 전략적 제휴를 맺고, 2억 달러를 투자해 로이반트가 설립 예정인 표적 단백질 분해 연구전문 자회사의 2대 주주로 공동경영에 참여할 예정이다. 기존 합성·바이오 의약품은 표적 단백질의 기능을 저해하는 방식인 데 반해, 표적 단백질 분해 치료제는 단백질 분해 시스템을 이용해 질병의 원인이 되는 단백질 자체의 분해를 유도하는 새로운 개념의 신약이다. 무엇보다 단백

질 기능을 억제하는 기존방식으로는 질병 원인 단백질 중 20~30%
만 신약으로 개발되는 한계가 있으나, 분해 방식은 어떤 단백질이든
치료제 개발이 가능해 무궁무진한 가능성을 가지고 있다.

현재 항암과 면역·신경계 질환 중심으로 파이프라인을 확보했으
며, 이 중 항암 분해 신약은 2021년 임상 진입이 예상된다.

이와 같은 표적 단백질 분해 분야에 대한 투자를 통해 향후 플랫
폼 제약사로 성장하면서 밸류상승을 도모할 것이다.

삼성바이오로직스(207940)

· CMO 업체
· 코로나19 여파로 수주증가중

삼성바이오로직스는 지난 2011년 설립된 바이오 의약품 CMO
업체이다. 2013년 3만 리터 규모의 1공장을 시작으로 2015년 2공
장(15.4만 리터), 2017년 3공장(18만 리터)을 완공해 현재 삼성바이
오로직스의 CMO 생산량은 36만 4,000리터로 글로벌에서도 1위를
차지하는 규모다.

코로나19 여파로 다양한 치료제 후보물질에 대한 생산수주 계약
이 증가하고 있다. 2020년 상반기에만 1조 7,000억 원 규모의 수주
계약을 체결했다.

코로나19 항체치료제를 공동 개발하는 비어바이오테크놀로지

와 GSK도 2020년 4월 전임상 단계임에도 불구하고, 삼성바이오로 직스와 4400억 원 규모의 의약품 위탁생산 계약을 체결했다. 치료 제 상용화에 대비해 대규모 생산시설을 조기에 확보한 것이다.

삼성바이오로직스는 2021년까지 총 1,000만 도즈의 코로나19 항체치료제 생산에 나설 계획이다. 아울러 항체치료제의 생산수요 증가에 대비해 인천 송도에 단일공장 기준 세계 최대 규모인 25.6만 리터의 4공장 증설도 계획하고 있다.

한편 삼성바이오에피스의 경우 지난 2012년 설립된 바이오 의 약품 개발 전문기업으로 주로 바이오시밀러(바이오 의약품 복제약)를 개발하고 있다. 현재 삼성바이오에피스는 3종의 자가면역질환 바이 오시밀러(베네팔리, 플릭사비, 임랄디)와 1종의 항암 바이오시밀러(온 트루잔트)를 유럽과 미국 등에서 허가를 받고 파트너사를 통해 판매 중이다. 이 제품들은 매년 유럽과 미국에서의 매출이 상승세에 있다.

이외에도 삼성바이오에피스는 최근 대장암 치료 바이오시밀러 제품인 에이빈시오가 유럽 승인 뒤 미국 허가에 착수했고, 첫 안과 질환 치료제인 SB11도 유럽 허가 과정에 돌입했다.

녹십자(006280)

- 혈액제제와 백신제제에 특화된 사업을 영위하고 있는 의약품 제조·판매업체
- 백신 CMO 비즈니스 본격화

지난 2009년 녹십자는 국내 최초로 독감 백신 상용화에 성공했다. 2년 뒤에는 아시아 최초로 세계보건기구(WHO)로부터 독감 백신 사전 적격성 평가(PQ) 인증을 얻었다. 무엇보다 녹십자는 세계최대 백신 수요처 중 하나인 범미보건기구(PAHO)의 독감 백신 입찰에서 6년째 점유율 1위 자리를 지켜내고 있다.

　이러한 환경에서 2020년 10월 21일 녹십자는 국제민간기구인 감염병혁신연합(CEPI)과 코로나19 백신 CMO 계약을 체결했다. 즉 2021년 3월부터 2022년 5월까지로 백신 5억 도즈에 대한 완제공정을 맡는다. 완제공정은 생산된 의약품을 바이알(주사용 유리용기)이나 주사기에 충전하는 등의 과정을 말한다.

　향후 백신 제조사들이 감염병혁신연합(CEPI)과 생산시설 관련 계약을 맺으면 녹십자가 감염병혁신연합을 통해서 후보업체와 본계약을 맺는 방식이다. 이번 완제공정 수주의 경우 백신사업 등 본업에 차질을 주지 않으면서도 증설이 필요없고 완전 자동화되어 있어 추가적으로 인력을 고용하지 않아도 되는 만큼 이익으로 직결된다. 이에 따라 백신 CMO 비즈니스에 대한 실적증가 가능성이 증대되면서 기업가치가 레벨업될 수 있을 것이다.

　2020년 9월 녹십자가 개발한 헌터증후군 치료제인 헌터라제가 중국 국가약품감독관리국(NMPA)으로부터 시판허가를 획득했다. 따라서 향후 수익성 개선에 기여할 것으로 보인다.

　무엇보다 2020년 5월 미국에서 혈액제제 IVIG-SN 10% 3상 임상시험을 완료함에 따라 2020년 말에 미국 식품의약국(FDA)에 생물의약품 허가신청(BLA)을 제출할 예정이다. 2021년 말에 허가를 받고 2022년부터는 미국에서의 매출이 본격적으로 발생할 수 있을 것이다.

바이넥스(053030)

- 바이오 CMO 사업 및 케미칼 의약품 전문업체
- CMO 수요확대로 수혜 가능할 듯

바이넥스는 지난 1957년 설립되어 제네릭 판매에 주력하던 순천당제약의 모태로서 2009년 한국생물산업기술실용화센터(KBCC) 위탁경영을 시작으로 바이오 CMO 사업으로 확장했다. 이에 따라 바이넥스는 바이오 CMO 사업과 케미칼 의약품의 생산판매를 주력 사업으로 영위하고 있다. 2020년 1분기 기준으로 사업 부문별 매출 비중을 살펴보면 바이오 32.2%, 케미칼 의약품 67.5%, 기타 0.3% 등이다. 바이넥스의 바이오 CMO 생산규모는 총 1만 2,000L를 확보하고 있다.

바이오 의약품의 임상개발 진척, 상업화를 준비중인 바이오 업체들이 늘어나면서 바이넥스의 생산라인 가동률도 빠르게 증가하고 있다. 즉 임상에 필요한 약 제조 수요가 늘수록, 또한 이들의 상업화가 가속화될수록 바이넥스의 매출이 증가하는 구조이다.

제넥신이 코로나19 예방백신과 치료제를 동시에 개발중인데, 이와 관련된 위탁생산을 바이넥스가 맡고 있다. 이와 같은 CMO 수요

확대로 인해 현재 미가동중인 오송공장 5,000L의 활용 가능성이 그 어느 때보다 더 높아질 것이다. 이는 곧 바이넥스 매출성장성을 높이는 요인으로 밸류에이션의 리레이팅이 가능할 것이다.

동구바이오제약(006620)

- 피부과, 비뇨기과 등의 전문의약품 및 CMO 사업영위
- 매출성장 및 바이오 벤처투자 결실

동구바이오제약은 1983년에 설립된 전문의약품 생산 및 판매업체로 다양한 제형의 제조 기술력을 바탕으로 CMO 사업도 영위하고 있다. 피부과와 비뇨기과 치료제 부문의 오랜 강점을 살려 다년간 피부과 처방 시장 1위를 지속하고 있으며, 비뇨기과 처방 시장에서도 상위권을 점유하고 있다.

동구바이오제약은 연질캡슐 제형 조제기술을 바탕으로 CMO 사업을 확대하고 있는데, 특히 콜린알포세레이트 등 치매치료제 중심으로 CMO 사업이 성장하고 있는 중이다. 즉 동구바이오제약의 CMO 부문 매출이 2015년 166억 원, 2016년 217억 원, 2017년 322억 원, 2018년 331억 원, 2019년 411억 원으로 연평균 성장률이 21.9%에 이르고 있다.

무엇보다 2018년 5월부터 약 100억 원 규모의 투자금액이 소요된 CAPA 증설이 2019년 10월 마무리되었다. 이로 인해 제형별로

기존대비 1.5~2배의 CAPA가 확보됨에 따라 향후 CMO 사업의 성장세가 가속화될 수 있는 발판을 마련했다. 이런 CAPA 증설효과로 CMO 부문 매출이 500억 원 이상이 될 것으로 예상될 뿐만 아니라 해를 거듭할수록 매출성장성이 가시화될 것이다.

한편 세계 최초 줄기세포 추출 키트인 Smart X의 경우 유방재건, 당뇨병성 족부궤양, 무릎관절염 등 적응증 확대를 통한 신의료기술 등재 타깃 임상이 진행중으로 향후 성장성이 기대된다.

동구바이오제약은 바이오 벤처기업에 대한 투자를 활발하게 진행중에 있다.

2012년 펩타이드 전문개발업체인 노바셀테크놀로지에 70억 원을 투자해 지분율 26.9%로 최대주주이다.

또한 2018년에는 퇴행성 뇌신경질환 신약개발업체인 디앤디파마텍에 31억 원을 투자하여 지분율이 3.8%에 이르고 있다. 디앤디파마텍은 2019년 1,400억 원 규모의 시리즈B 투자유치를 성공적으로 진행했을 뿐만 아니라, 퇴행성 뇌질환 신약후보물질 NLY01에 대해 2020년 2월 파킨슨병 임상 2상을 240명 규모로 시작했으며, 하반기에는 알츠하이머 치매 임상 2상을 300명 수준으로 진행할 계획이다. 기술특례 상장을 위한 기술성 평가를 통과했으며, 코스닥 시장 상장예비심사를 진행중에 있다.

2020년에 들어서 동구바이오제약은 의료 AI 솔루션 개발업체인 뷰노와 마이크로바이옴 기반 신약 연구개발 기업인 지놈앤컴퍼니에 각각 30억 원(2.3%), 30억 원(0.9%)을 투자했다.

이 외에도 동물질환 진단시약 대표기업인 바이오노트와 스마트팩토리 협동로봇 개발업체인 로보터스에도 투자했다.

이와 같이 6개 벤처기업에 총 207억 원을 투자했으며, 이 중 여러 기업이 코스닥 상장이 가시화될 것으로 예상됨에 따라 동구바이오제약의 지분가치 상승이 기대된다.

오스템임플란트(048260)

· 임플란트 전문업체
· 중국 매출성장이 밸류상승의 원동력

그동안 오스템임플란트의 중국지역에서의 매출 추이를 살펴보면 2017년 737억 원, 2018년 890억 원, 2019년 1,260억 원으로 성장세를 보이고 있다.

2020년의 경우는 중국지역에서 오스템임플란트의 매출이 1분기에는 코로나19영향으로 129억 원(YoY -51.7%)에 불과했지만, 2분기부터 정상화되면서 410억 원(YoY +29.7%)을 기록했다. 2020년 3분기에도 434억 원(YoY +28.4%)을 기록하면서 견조한 성장세가 유지되고 있다.

이는 전반적으로 회복되는 환경에서 직판 중심의 유통망을 활용해 보다 적극적으로 영업 재개에 나섰기 때문이다. 2020년 중국지역에서의 매출은 1,453억 원(YoY +15.3%), 2021년의 경우는 20%이상의 매출성장이 기대된다.

무엇보다 이와 같은 중국지역에서의 매출상승이 오스템임플란트의 수익성을 끌어 올리고 있다. 즉 중국에서의 영업이익의 경우 2018년 -44억 원, 2019년 96억 원을 기록했으며, 2020년 3분기 누적으로 영업이익이 131억 원으로 호실적을 기록했다.

　　중국 임플란트 시장의 경우 매년 20% 이상 성장하고 있는 가운데, 직판 중심의 유통망 활용이 본격화되면서 향후에도 오스템임플란트의 매출상승이 지속될 것으로 예상된다.

　　이와 같은 중국지역에서의 매출성장이 글로벌에서 오스템임플란트의 시장점유율을 상승시키면서 밸류에이션을 한 단계 레벨업시킬 것이다.

　　2020년 8월 오스템임플란트는 치과용 구강스캐너 리딩기업인 3Shape와 글로벌 파트너십 체결을 통해 구강스캐너 TRIOS와 CAD SW의 글로벌 판권을 획득했다.

　　이와 더불어 오스템임플란트는 현재 디지털 치과를 구성하는 장비 및 재료, SW를 모두 제공하는 디지털 덴티스트리 풀 라인업 구축을 준비중에 있다. 디지털 임플란트 서저리 가이드 OneGuide, 디지털 임플란트 OneFit, 3D 프린터 OneJet, 초정밀 밀링머신 OneMill4x를 출시했으며, 향후에 디지털 덴티스트리 관련 다양한 제품군을 출시하면서 글로벌 치과 토털 솔루션 제공업체로서의 입지를 견고히 할 것이다.

　　중국에서의 매출성장이 수익성 개선으로 이어지면서 오스템임플란트의 실적 턴어라운드의 기반을 마련해줄 뿐만 아니라 글로벌 시장점유율 상승으로 오스템임플란트 밸류에이션을 한 단계 레벨업시킬 수 있을 것이다. 또한 2020년부터 디지털 덴티스트리 라인업 확충을 통한 성장의 기반이 마련될 것으로 기대된다.

레이(228670)

- 치과용 디지털 진단시스템 및 치료솔루션 전문기업
- 정상화 및 신규사업 성장성

치과용 디지털 치료솔루션은 치과에서 환자의 치아 영상을 통해 진단하고 치료계획을 수립한 이후 쉽고 간편하게 직접 인공지능 기반 CAD작업을 진행하면서 임시 치아, 임플란트 수술가이드, 교정 모델을 3D프린터로 출력하는 등 디지털화된 원스톱 워크플로우(Work-flow)를 통합적으로 수행할 수 있다.

레이는 X-ray 진단부터 CAD, 3D프린터까지 디지털 치료솔루션을 지원하는 제품 라인업을 구축하고 있으며, 이러한 디지털 치료솔루션이 레이의 매출성장을 이끌 것이다.

한편 레이는 2020년 9월 메가젠임플란트와 2027년까지 525억 원 규모의 콘빔씨티(CBCT) 공급계약을 체결했다. 메가젠임플란트는 해외매출 비중이 큰 국내 임플란트 전문기업으로, 그동안 치료 장비는 갖추고 있지만 진단분야 제품군이 없어서 레이에 개발을 의뢰한 것이다. 레이의 경우 이번 계약으로 해외 유통망 확장이 기대된다.

그동안 투명교정장치는 미국 얼라인텍이 전 세계 시장의 70%

가량을 점유해왔으나 2017년 이후 관련 특허가 풀리기 시작하면서 투명교정장치 분야에 진입하는 사례가 늘고 있다.

레이는 종전 40일 이상 걸리는 투명교정장치 제작기간을 14일 가량으로 대폭 줄일 수 있을 뿐만 아니라 가격은 경쟁사 제품과 비교해 20% 이하로 낮췄다. 이러한 장점을 바탕으로 레이는 우리나라와 중국에서 투명교정장치를 출시했으며, 향후 매출이 가시화될 것으로 예상됨에 따라 성장성이 부각될 것이다.

2021년에는 치과용 디지털 치료솔루션 매출이 정상화될 뿐만 아니라 투명교정장치의 성장성이 부각될 것이다.

비트컴퓨터(032850)

- 의료정보, 디지털 헬스케어, IT교육 등의 사업을 영위
- 클라우드 및 원격의료 수혜

유전체 정보와 개인건강정보가 건강개선, 질환치료·예방의 구체적인 임상적 가치와 연결되기 위해서는 데이터 분석이 전자의무기록을 바탕으로 이루어져야 한다. 이에 따라 전 세계적으로 의무기록의 디지털화 추세가 가속화되면서 활용성이 더욱 더 제고될 것으로 기대된다.

무엇보다 의료용 데이터를 클라우드로 저장하게 되면 데이터 분석도구의 활용이 편리해진다. 지금까지 병원은 환자 정보를 병원 시

스템에 저장해왔지만 환자 정보의 크기는 갈수록 커지고 있을 뿐만 아니라 투자되는 비용도 상승해 이제 병원 시스템을 구축하는 방법은 한계에 도달했다. 또한 각종 웨어러블 기기에서 생성되는 데이터들을 병원에서 관리하는 데 크기나 보안 등의 어려움이 있으며, 빅데이터 시대를 맞이해 수집된 데이터를 분석하는 것이 갈수록 중요해지고 있다. 이런 측면들로 인하여 향후 의료용 데이터의 헬스케어 클라우드 서비스 도입이 본격화될 것으로 예상된다.

이러한 환경에서 비트컴퓨터는 병원급 의료기관을 대상으로 전자의무기록(EMR)을 클라우드 서비스로 제공하는 통합의료정보시스템 클레머(CLEMR)를 지난 2017년 7월에 출시했다. 기존 구축형 의료정보시스템를 클라우드 방식으로 전환한 서비스형 소프트웨어(SaaS) 형태로서 별도 서버 없이 웹으로 접속해 시스템을 이용할 수 있다.

2019년 5월과 9월에 국내 대형의료기관의 지방병원 두 곳에 클레머 클라우드 서비스를 오픈했으며, 2020년에는 여섯 곳 이상의 중소병원에 클레머 클라우드 서비스를 구축할 예정이다. 그동안 비트컴퓨터는 클레머 클라우드 서비스 구축 소요시간이 길어짐에 따라 인력배치의 효율성이 떨어지면서 실적이 저조했다.

그러나 2019년 하반기부터 소요시간이 단축됨으로써 인력배치의 효율성 증가로 수주가 정상화되면서 실적 턴어라운드의 기반이 마련될 뿐만 아니라 클라우드 관련 성장성도 가시화될 수 있을 것이다.

우리나라의 경우 원격의료는 법적으로 허용되고 있지 않지만 정부가 코로나19 확산을 막기 위해 한시적으로 허용하고 있다. 병원

내 감염우려는 물론 의료 사각지대를 해소하는 데 큰 역할을 하고 있기 때문이다. 코로나19가 원격의료 허용의 교두보를 마련해줄 것이다. 이에 따라 원격의료는 시간상 문제일 뿐 결국에는 허용될 것으로 예상된다.

비트컴퓨터의 경우 원격의료에 필요한 솔루션 라인업을 확보하고 있다. 이러한 라인업으로 2018년 말 기준 국내외 900여개 기관에 원격의료시스템을 구축해 구축 실적 1위를 하고 있으며 캄보디아, 아랍에미리트, 몽골, 브라질, 태국에도 수출하는 등 본격적인 시장 확산에 대비한 시장검증을 완료했다. 이에 따라 원격의료가 허용된다면 비트컴퓨터의 수혜가 가능할 것으로 예상된다.

유비케어(032620)

- EMR(전자의무기록) 시장점유율 국내 1위 의료정보 업체
- 헬스케어 O2O 서비스의 가치가 부각

유비케어는 병원 접수 서비스 등 헬스케어 O2O 서비스 앱인 '똑닥'을 운영하고 있는 비브로스 지분 38.5%(2020년 6월 말 기준)를 보유하고 있다.

병원 접수 서비스가 가능하려면 EMR 시스템과 앱이 서로 연동되어야 하는데, 유비케어가 EMR 시장점유율 국내 1위 업체이기 때문에 진입장벽뿐만 아니라 병원 접수 서비스를 확대하기가 용이하다.

똑닥의 주 서비스는 2차 감염 피해를 최소화하기 위한 비대면 병원 접수와 사전문진이다. 모바일 병원 접수 서비스는 병원에 직접 방문하지 않아도 앱으로 진료접수와 순서 확인이 가능한 서비스다. 본인의 진료순서까지 병원 대기실에서 다른 환자들과 함께 있을 필요가 없어 원내 감염 우려가 적다는 장점이 있다. 코로나19로 인해 똑닥의 모바일 진료예약과 접수 서비스를 통한 예방접종 건수가 증가하고 있다.

이와 같은 접수뿐만 아니라 향후 병원비 결제와 모바일 처방전 서비스, 약국 결제 서비스까지 완비하여 병원 접수에서 약국 결제에 이르는 일련의 과정을 앱 하나로 가능하게 만드는, 즉 병원과 약국에 이르는 원스톱 진료 서비스를 구축할 예정이다.

향후 인공지능 알고리즘을 활용해 똑닥 이용자의 성향을 분석해 이용자 맞춤형 광고뿐만 아니라 의료비 등 결제 서비스 등을 대행해 주고 수수료를 받는 비즈니스 모델도 확대할 예정이다.

동아쏘시오홀딩스(000640)

- 동아쏘시오그룹의 지주회사
- 코로나19로 자회사 수혜 가능

동아쏘시오그룹은 지난 2013년 3월 지주회사로 출범하면서 투자 사업 부문을 담당하는 존속법인인 동아쏘시오홀딩스와 전문의약품(ETC) 사업 부문을 담당하는 인적분할 신설회사 동아에스티 그리고 일반의약품(OTC)을 담당하는 물적분할 신설회사 동아제약으로 나누었다.

동아쏘시오홀딩스는 사업영역 특성에 따라 제약, 물류, 포장용기, 기타 부문으로 구성되어 있다. 즉 동아쏘시오홀딩스는 동아제약을 비롯해 동아에스티, 에스티팜, 용마로지스, 수석, 동아오츠카, 디엠바이오 등의 자회사를 거느리고 있다.

에스티팜의 경우 RNA 기반 신약시장이 급속도로 성장하고 있는 가운데 올리고뉴클레오타이드(Oligonucleotide)를 공급할 수 있는 업체는 한정되어 있기 때문에 수주증가로 향후 에스티팜의 수혜가 예상된다. 무엇보다 최근 mRNA를 이용한 백신과 치료제 CDMO사업에도 진출함에 따라 향후 성장성이 기대된다.

또한 디엠바이오는 송도에 8,000ℓ 규모의 항체 바이오생산설비를 보유하고 있기 때문에 CMO 비즈니스가 가능하다. 이에 따라 자사 바이오의약품 개발을 지속하는 한편 상업용 제품출시 전까지는 원액과 완제 생산라인의 남는 곳을 CMO 수주를 통해 채워오고 있다.

스텔라라 바이오시밀러 3상 시료 생산 및 DA-3880(빈혈 치료용 바이오시밀러) 상업 생산 확대로 매출 증가가 예상된다. 무엇보다 코로나19로 의약품 시장에서 200여 개의 약품이 동시에 개발되는 상황이 벌어지면서 의약품 원부자재의 공급차질이 발생되고 있다. 이와 같이 CMO 수요가 확대되는 환경으로 말미암아 향후 디엠바이오의 수주 가능성이 높아지고 있다.

한편 물류회사인 용마로지스는 동아제약의 물류 자회사로 시작했기 때문에 의약품 · 화장품 배송에 특화되었다. 용마로지스는 온도를 유지하는 상태로 제품을 분류하고 실시간으로 온도 변화를 감지할 수 있는 정온 배송 시스템을 구축함에 따라 코로나19 의약품 배송에 대한 물량이 확대되는 환경에서 수혜가 예상된다. 따라서 자회사들의 밸류에이션이 한 단계 레벨업될 것이다.

제이브이엠(054950)

- 의료시설 약품조제 및 관리 시스템 전문업체
- 조제문화 변화가 밸류상승을 이끈다

2020년 11월 17일 아마존이 처방약 온라인 판매 서비스인 아마존 파머시(Amazon Phramacy) 서비스를 런칭했다. 웹 사이트나 앱에서 주문을 받으면 처방약을 배송해주는 서비스이다.

오랜 시간 약국 시장 진출을 준비해 온 아마존은 지난 2018년 미국 온라인 약국 기업인 필팩(PillPack)을 약 7억 5,300만 달러에 인수한 바 있다. 필팩은 처방약을 배송하는 미국 온라인 약국으로 50개 주 전역에 약국 면허를 갖고 있다. 즉, 이번 서비스는 기존 필팩 사업을 기본으로 하고 있으며, 새롭게 아마존 브랜드로 본격 런칭한 것이다.

필팩은 명칭에서도 알 수 있듯이 환자가 의사로부터 받은 처방약을 1회분씩 포장해 요일과 복용 시간대 별로 나눠서 제공한다.

온라인 판매는 미국 처방약 시장 전체에서 차지하는 비중이 아직 미미하지만 코로나19 감염 확대와 아마존의 본격 진출로 향후 약국의 온라인화가 가속화될 것으로 예상된다.

약 포장방식의 경우 한국, 대만, 일본은 Pouch형, 중국은 Box형, 미국은 Bottle형, 유럽은 빙고카드처럼 생긴 Blister형 등 지역별로 차이가 있다. 이에 따라 국내의 경우 파우치(Pouch)형 ATDPS(Automatic Tablet Dispensing&Packaging System) 보급률이 약 80%에 이르지만 북미와 유럽은 10% 미만에 불과하다.

코로나19 확산 이후 북미 시장에서는 기존 Bottle형보다는 1회 복용단위로 개별 포장을 해주는 위생적 파우치(Pouch)형 포장 조제 시스템 수요가 확대되고 있다. 특히 아마존의 처방약 온라인 판매 서비스 본격 진출로 약국의 온라인화가 가속화될 것으로 예상됨에 따라 파우치형 조제문화 변화에 일조를 할 것으로 기대된다. 이는 곧 자동조제기 수요를 확대시키는 것으로 제이브이엠에 수혜가 기대된다.

코로나19 여파로 약국뿐만 아니라 병원에서도 원내 약품 이송처럼 동선을 최소화해 비접촉식 약품 전달을 구축하려는 움직임이 확산되고 있다. 이에 따라 병동과 수술실, 중환자실, 응급실 등 병원 곳곳에 전자동 약품관리 시스템 설치 수요가 꾸준히 늘고 있는 추세이기 때문에 향후 제이브이엠의 인티팜(INTIpharm) 매출상승에 기여할 것으로 예상된다.

무엇보다 2021년에 인티팜(INTIpharm)의 북미시장 진출이 가시화될 경우 성장성이 극대화될 것이다.

메디아나(041920)

- 환자감시장치, 심장충격기 등을 제조판매하는 의료기기 전문업체
- 코로나19로 수요는 폭발하고, 실적은 급증

메디아나는 1995년에 설립되어 생체신호 측정기술을 기반으로 환자감시장치, 심장충격기 등의 의료기기를 제조해 판매하고 있다. 이들 제품군을 ODM 및 자사 브랜드로 판매하고 있다.

메디아나는 세계적인 의료기기 회사인 Medtronic(미국), Siemens(독일), Fukuda-Denshi(일본), Metrax(독일)사 등과의 수출 및 해외대리점 계약을 통해 해외로의 수출을 지속적으로 확대해나가고 있다.

메디아나 산소포화도 측정기의 경우 미국 의료기기 유통회사 Medtronic에 ODM 방식으로 전량 납품하고 있으며, 연간 200억 원 가량의 매출을 올리고 있다.

최근 미국과 유럽에서 코로나19 감염 환자가 급속도로 늘어나면서 산소포화도 측정기의 발주량이 증가하고 있다. 산소포화도 측정기는 혈액에 충분한 산소가 있는지 측정하는 기기로 코로나19 감염 환자의 폐 상태를 정확히 판단하기 위해 필요한 장비다. 코로나19 바이러스에 감염되면 면역물질인 사이토카인이 과도하게 분비되어 많은 염증이 생기면서 폐가 망가지는 것으로 알려져 있다. 2020년 3월부터 코로나19 환자로 인하여 산소포화도 측정기 등 환자감시장치의 폭발적 수요 증가로 실적향상이 기대된다.

무엇보다 환자감시장치가 병원 필수장비이기 때문에 향후에도 감염병 상시 대응체계 구축으로 수요가 지속되면서 성장성이 부각될 것이다.

엔지켐생명과학(183490)

- **원료의약품 판매 및 글로벌 신약 개발사업을 영위**
- **치료제 개발 가능성이 가시화**

엔지켐생명과학은 1999년 설립된 글로벌 신약개발 기업으로 염증해결촉진자, 호중구이동조절자로 주목받는 신약물질 EC-18 원천기술을 보유하고 있다. 신약개발과 함께 조영제, 항결핵제, 원료의약품을 생산해오고 있다.

신종 코로나 바이러스 환자를 대상으로 EC-18의 추가요법이, 경증 폐렴에서 급성호흡부전 또는 급성호흡곤란증후군으로 이행하는 것을 예방하는지 평가하기 위한 임상 2상을 미국과 한국에서 각각 진행중에 있어서 향후 긴급사용허가(EUA) 신청을 할 예정이다.

국내 2상 임상은 14일 이내에 경증 폐렴 환자가 중증 폐렴 또는 급성호흡곤란증후군(ARDS)으로 이행되는 확률을 주평가변수로 설정하고, 미국 2상임상은 경증 폐렴 환자가 28일 동안에 생존하거나 호흡부전증이 해소된 비율을 주평가변수로 설정하는 식으로 프로토콜 차이를 뒀다.

이에 따라 코로나 치료제 개발 가능성이 가시화되면서 성장성이 부각될 것이다.

구강점막염(CRIOM)은 항암제와 방사선 치료 시 구강점막세포 손상에 의해 발생한 염증 또는 궤양으로 치료제가 전무하다. 고통이 극심해 정상적인 음식물 섭취가 어렵고 치료 중단으로 이어지는 경우가 많으며, 호중구 유출로 증상이 악화되면 패혈증까지 확대될 수 있다.

이에 대해 엔지켐생명과학은 EC-18로 항암방사선요법에 의해 유발되는 세포손상을 신속히 복구하고 혈관 내 호중구 유출을 최소화하면서 구강점막염(CRIOM)을 개선시키는 임상을 현재 진행중에 있다.

임상 2상 1단계는 2019년 4월 말에 등록해, 투약이 완료된 총 24명의 환자들에 대한 30일 간의 안전성 추적 관찰을 성공적으로 끝냈다. 이에 따라 2021년에는 구강점막염(CRIOM)에 대한 라이센싱 아웃이 가시화될 것이다.

한편 엔지켐생명과학은 항암화학요법 유발 호중구 감소증(CIN)과 더불어 급성방사선증후군(ARS) 적응증으로 임상 2상을 진행중이다.

테고사이언스(191420)

- 피부세포 치료제 개발 및 제조 전문업체
- 높은 시장 잠재력으로 성장성이 부각

테고사이언스는 지난 2001년 설립되어 피부세포 배양기술을 기반으로 한 피부세포 치료제 개발·제조 전문업체이다. 세포치료란 사람의 세포를 의약품처럼 치료제로 사용해 환자에게 주입함으로써 세포를 교체하거나 재생하는 방식으로, 테고사이언스의 경우 생식세포를 제외한 피부세포 등 분화가 끝난 일반적인 체세포를 이용해 치료제를 만든다.

회전근개파열은 어깨와 팔을 연결하는 근육과 인대(회전근개)가 강한 외부충격으로 손상되어 어깨에 통증이 생기는 질환이다. 이와 같은 전 세계 건(tendon) 질환 치료 시장은 약 13조 원으로 추정되며, 2024년까지 연평균 7.9% 성장할 것으로 전망된다. 국내시장 역시 노령화 가속과 소득 증가에 따른 야외 레저스포츠 활동 증가로 발병률이 매년 늘어나는 추세이다.

현재 정형외과에서 물리치료로 통증을 완화하거나 수술을 통해 끊어진 어깨 건을 연결하는 게 통상적인 치료다. 따라서 재발 가능성이 크고 치료 과정에서 고통도 크다.

이러한 환경에서 테고사이언스는 차세대 세포치료제로서 회전근개파열의 치료를 목적으로 한 자기유래세포치료제 TPX-114와 동종유래세포치료제 TPX-115를 개발하고 있다. 자기유래세포치료제인 TPX-114는 현재 회전근개전층파열(FTRCT)을 목표 적응증으로 해 국내 임상 3상을 진행중에 있다.

또한 동종유래세포치료제인 TPX-115는 TPX-114에 비해 경증의 건파열부터 건병증까지의 치료를 목적으로 개발되고 있다. TPX-115는 2020년 3월에 회전근개부분층파열(PTRCT)을 목표 적응증으로 하는 제1·2상 임상시험계획을 식약처로부터 승인받았다. 2021년 초에는 미국식품의약국(FDA)에 임상 1상을 위한 임상시험계획서(IND)를 제출할 예정이다.

TPX-114와 TPX-115는 모두 파열된 건의 근본적인 재생을 목적으로 개발되고 있으며, 높은 시장잠재력으로 향후 성장성이 부각될 것이다.

테고사이언스는 2002년에 자가유래 세포를 이용해 만든 3도 화상 치료제 홀로덤을, 2005년에는 타인 피부조직에서 떼어낸 동종유래 세포로 만든 2도 화상 치료제 칼로덤을 개발했다. 또한 2017년에는 자기유래 세포를 이용해 만든 눈밑 주름개선 세포치료제 로스미르를 출시했으며, 인간 피부조직을 재현한 3차원 구조의 배양피부모델인 네오덤은 동물실험을 대체해 화장품·의약품 원료의 효능과 안전성을 테스트하는 실험용 모델로 사용될 수 있다.

테고사이언스 칼로덤의 당뇨병성족부궤양에 대한 건강보험이 2019년 9월 1일부터 확대 적용되었다. 2007년 화상에 대한 건강보험 적용으로 매출이 상승세를 보였듯이, 당뇨병성족부궤양의 건강보험 급여확대가 매출상승의 원동력이 될 것이다.

콜마비앤에이치(200130)

- 건강기능식품 및 화장품 OEM·ODM 전문업체
- 한국과 중국에서 성장이 더욱 가속화

2004년 한국콜마와 한국원자력연구원이 공동출자해 설립한 선바이오텍이 2013년 한국푸디팜과 합병하면서 현재의 상호로 변경되었다. 콜마비앤에이치는 건강기능식품과 화장품의 핵심 소재를 개발하는 소재 연구개발 전문기업으로, 천연물을 이용해 개발한 소재를 사업화함으로써 건강기능식품과 화장품을 OEM·ODM 방식으로 생산해 판매하고 있다.

콜마비앤에이치의 주력 매출처는 애터미이다. 2020년 1분기 기준으로 제품별 매출 비중을 살펴보면 건강기능식품 63.4%, 화장품 35.5%, 기타 1.1% 등이다.

건강기능식품 시장은 평균 수명의 증가, 건강과 삶의 질에 대한 관심의 증가로 인해 지속적으로 성장해왔다. 특히 최근 전 세계적으로 전염성 질환이 증가함에 따라 면역력 증진에 도움을 줄 수 있는 원료가 첨가된 건강기능식품에 대한 관심이 높아지고 있다.

이러한 환경에서 면역 증진에 효과가 있는 건강기능식품의 매출이 크게 상승하면서 콜마비앤에이치의 실적 성장을 이끌고 있다. 즉 주력 매출처인 애터미에 공급하는 면역증진 건강기능식품 헤모힘 및 비타민류 등의 매출 증가가 가속화되고 있다.

무엇보다 애터미 네트워크 마케팅 채널 외 매출이 급성장하고 있으므로 향후 성장의 한 축으로 자리잡을 수 있을 것이다.

콜마비앤에이치의 주력 매출처인 애터미의 경우 향후 중국사업이 본격화될 것으로 예상된다. 이에 따라 콜마비앤에이치의 애터미 차이나향 매출이 2020년 하반기부터 가시화되고 있어서 향후 성장성이 부각될 것이다.

콜마비앤에이치는 2018년부터 애터미와 중국 합작법인 연태콜마를 설립하고 공장을 건립중이다. 애터미 중국 판매물량을 전담 생산하는 연태콜마는 2020년 말에 완공한 후 본격적인 가동에 들어갈 예정이다.

다른 한편으로는 자체 법인 강소콜마는 2020년 7월 말에 공장을 완공했다. 강소콜마를 통해 중국에서 애터미 외 자체 영업과 생산 기반을 확대할 예정이다.

서흥(008490)

- 하드캡슐 및 건강기능식품 전문 제조기업
- 성장으로 영업레버리지 효과가 본격화

서흥은 1973년에 설립된 하드캡슐·건강기능식품 전문 제조기업으로 주요사업은 하드캡슐, 건강기능식품, 의약품 전공정 수탁, 원료, 화장품 등으로 구분되어 있다. 국내 하드캡슐 시장에서 95%, 전 세계 6~7%에 이르는 점유율을 차지하고 있으며, 건강기능식품 OEM, ODM 분야로 성장의 보폭을 넓혀 나가고 있는 중이다.

서흥의 건강기능식품 제조방식은 주로 OEM·ODM 형태로, 캡슐제 41%, 액상·젤리 36%, 정제 12%, 기타 11% 등 다양한 제형으로 생산하고 있다. 주요 거래처는 한국인삼공사, 뉴스킨코리아, LG생활건강, 사노피-아벤티스코리아(세노비스), 한국야쿠르트, 종근당건강,

CJ제일제당 등이 있다.

건강기능식품 시장의 성장으로 인해 서흥의 건강기능식품 매출액이 2017년 1,212억 원, 2018년 1,427억 원, 2019년 1,749억 원으로 해를 거듭할수록 증가하고 있다.

2020년의 경우 건강기능식품 시장의 성장과 더불어 매출처 확대로 매출액이 전년대비 20.1% 증가한 2,100억 원으로 예상되었다. 무엇보다 건강기능식품 부문은 지난 2012년 부천공장에서 오송공장으로 이전하면서 캐파 및 제형 확대로 인한 고정비 증가로 그동안 수익성이 저조했는데, 2020년부터 매출증가에 따른 영업레버리지 효과가 발생하면서 수익성이 개선되었다.

건강기능식품 매출성장으로 이러한 영업레버리지 효과가 가속화되면서 서흥 전체의 수익성을 끌어올릴 수 있을 것이다.

서흥 하드캡슐 부문의 캐파증설과 더불어 식물성 캡슐 확대로 안정적인 성장이 예상되면서 향후 캐시카우 역할이 강화될 수 있을 것이다. 이러한 환경에서 건강기능식품의 매출성장으로 영업레버리지 효과가 본격화되면서 해를 거듭할수록 수익성 개선이 가속화될 것이다.

노바렉스(194700)

- 건강기능식품 ODM·OEM 전문기업
- 건강기능식품 시장의 성장은 곧 노바렉스의 성장

노바렉스는 지난 2008년에 설립된 건강기능식품 ODM·OEM 전문기업으로 국내 최다 개별인정 건수를 보유하고 있다. CJ제일제당, 대상, 종근당, 한국야쿠르트, 암웨이 등 식품대기업과 유명 제약사, 네트워크마케팅 기업까지 아우르면서 200여 개의 고객 레퍼런스를 보유하고 있다.

오창의 세 공장에서 연질·경질캡슐, 정제, 구미·젤리 등 식약처가 지정한 12가지 제형과 다양한 포장용기로 연평균 350여개의 제품을 생산하고 있다.

2018년 기준 국내 건강기능식품 시장규모는 전년 대비 12.7% 증가한 2조 5,221억 원을 기록했으며, 면역기능 개선 제품과 더불어 비타민 등 영양보충용 제품에 대한 수요가 증가함에 따라 성장 기조가 이어지는 추세이다.

무엇보다 20~30대 젊은 층의 수요가 증가되는 점과 더불어 소비자들의 관심이 다양한 제품으로 확대되어 각양각색의 기능을 필요로 하는 제품으로 다변화되면서 노바렉스의 성장이 앞으로도 지속될 것이다.

더불어 지난 2009년 신종플루, 2015년 메르스 등 전염성 질환 발생시기에 건강기능식품 구매액이 증가했다. 코로나19 이후에도 전염성 질환에 대한 경각심 등으로 건강식품기능 시장의 구조적인 성장이 가능할 것으로 예상된다.

노바렉스는 건강기능식품의 다양한 고객군과 제품군을 ODM·OEM하고 있기 때문에 건강기능식품 시장의 지속적인 성장이 노바렉스의 성장으로 이어질 수 있을 것이다. 즉 건강기능식품의 특성상 트렌드 변화로 제품군이 바뀔 수는 있으나 다양한 고객을 기반으로 한 B2B의 장점으로 노바렉스가 신속하게 대응하면 지속적인 성장이 가능할 것이다.

한편 노바렉스는 2021년 3월 오송공장 준공으로 2,000억 원 규모의 캐파가 증가될 것이다. 무엇보다 자동화율이 80%에 이르기 때문에 매출상승이 기존보다는 빠르게 수익성 개선으로 이어질 수 있을 것이다.

코스맥스엔비티(222040)

- 코스맥스그룹 계열의 건강기능식품 OEM·ODM 전문 제조기업
- 2021년은 점프업

코스맥스엔비티는 2002년 설립된 건강기능식품 OEM·ODM 전문 제조기업으로 2014년 코스맥스그룹 계열에 편입되었다. 정제, 하드·연질캡슐, 분말, 액상 등 다양한 제형으로 건강기능식품을 생산하고 있다.

2015년 11월에 미국, 2017년에 호주 공장을 완공하며 해외에 진출했으며, 중국 상해에는 판매법인을 두고 있다. 2019년 기준으로 해외매출 비중이 60.9%에 이르렀다. 건강기능식품 시장이 성장하는 환경에서 국내 법인의 경우 향후 매출과 이익 성장세가 두드러질 것으로 예상된다.

한편 미국법인은 2019년부터 신규고객 영업에 전력을 집중해왔다. 이에 미국법인은 2019년 매출 213억 원을 기록했으며, 당기순손실 역시 228억 원 수준까지 확대되었다. 이는 신규고객을 확보하고 신제품 생산을 늘리는 과정에서 초기투자가 지속되었으며, 이와 더불어 초기 생산 비용이 동반 증가했기 때문이다.

2020년의 경우 미국법인이 신규 고객사를 확보함에 따라 매출 상승이 예상된다. 무엇보다 미국은 전 세계 건기식 시장의 3분의 1을 차지하는 최대 시장이다. 그런 만큼 미국법인의 수혜가 예상된다.

호주법인의 경우 대부분 중국에 공급하고 있는데, 2019년 중국에서 과대광고를 규제하고 단속을 강화함에 따라 당기순손실이 99억 원 수준까지 확대되었다. 그러나 2020년의 경우 코로나19로 인해 중국에서의 건강기능식품 수요가 증가하면서 매출증가로 적자 폭이 상당부분 줄어들 것으로 예상된다.

무엇보다 2021년에는 매출 증가로 영업레버리지 효과가 본격화되면서 실적 턴어라운드가 가속화될 것으로 예상된다.

코스맥스비티아이(044820)

- 코스맥스그룹의 지주회사
- 건강기능식품 등 자회사 실적개선 가속화

코스맥스비티아이는 1992년에 화장품 제조업을 주 영업목적으로 설립되었으며, 지주회사 전환을 위해 2014년 인적분할을 한 후 존속법인 코스맥스비티아이와 신설법인 코스맥스로 나누었다.

주요 자회사로는 화장품 사업을 영위하고 있는 코스맥스(26.2%)와 건강기능식품 사업을 영위하고 있는 코스맥스바이오(67.5%), 코스맥스엔비티(38.2%)가 있다.

건강기능식품 OEM·ODM업체인 코스맥스바이오는 홈쇼핑, 온라인 채널을 중심으로 한 수요 증가로 매출이 크게 상승하면서 실적 턴어라운드가 가속화되고 있다. 2020년 상반기 실적(개별기준)의 경우 매출액 1,029억 원(YoY +42.3%), 순이익 26억 원(YoY 흑자전환)을 기록했다. 상반기 실적을 고려할 때 2020년 2,000억 원 이상의 매출이 예상된다.

특히 코스맥스바이오 상하이 법인의 상반기 실적의 경우 매출액 53억 원(YoY +579.8%), 순이익 1.9억 원(YoY 흑자전환)을 기록했다. 이는 신규 고객인 암웨이차이나에 제품 공급이 시작되었기 때문이다.

한편 주력 자회사인 코스맥스의 경우 2020년 상반기 매출액 7,077억 원(YoY +7.2%), 영업이익 423억 원(YoY +58.3%)으로 코로나19에도 불구하고 호실적을 기록했다. 이는 국내 및 상해법인의 체질개선 환경에서 손 소독제 생산 증가로 영업이익이 대폭 개선되었기 때문이다. 향후에도 코스맥스는 제품 다각화와 고객사 다변화를 통해 실적 성장세를 이어 나갈 것으로 기대된다.

고영(098460)

- 검사 및 정밀측정 자동화 장비업체
- 포스트 코로나 시대를 맞아 의료용 로봇의 성장성 커져

고영은 2002년 설립되어 핵심역량인 메카트로닉스 기술을 바탕으로 전자제품, 반도체 제조용 3차원 정밀측정 검사장비와 더불어 반도체 Substrate Bump 3차원 검사장비사업을 전개하고 있다. 고영의 주력제품은 전자제품과, 반도체 제조공정 중 발생할 수 있는 불량품을 검사하는 장비인 3D SPI(Solder Paste Inspection)와 3D AOI(Automated Optical Inspection)이다. SPI는 회로기판 위에 부품이 올라가기 전 납이 제대로 도포되었는지를 검사하며, AOI는 인쇄회로기판(PCB) 위에 반도체 소자와 여러 부품이 제대로 장착되었는지 확인하는 장비다.

시장조사업체인 리서치앤마켓에 따르면 전 세계 수술용 로봇 시장은 2020년 67억 달러에서 연평균 12.1%씩 성장해 2025년에는 118억 달러에 이를 것으로 전망하고 있다. 로봇수술의 경우 수술 합병증이 줄고, 수술시간 단축과 환자들의 회복 속도도 빠르다는 장점뿐만 아니라 다른 의료장비에 비해 의사의 적응기간이 짧으며 복잡한 수술에서도 활용도가 높아 시장이 급성장중이다.

고영은 3D 측정검사 기술을 기반으로 한 뇌수술용 의료로봇인 카이메로를 개발했다. 카이메로는 수술 목표 부위의 위치와 주변 해부학적 구조를 자체 소프트웨어로 계산해 이를 바탕으로 가장 손상

이 적은 치료 경로를 의료진에게 제시한다. 즉 3D 의료용 센서가 수술대 위의 환자 머리를 스캔하는데, 이와 같은 3D 이미지 정보는 좌표 데이터로 변환되고, 컴퓨터단층촬영(CT) 및 자기공명영상(MRI) 장비로 찍은 영상과 정보 값을 맞춘다. 이후 로봇 팔이 환자의 자세와 환부정보를 실시간으로 파악해 의료진에게 수술 위치를 표시해준다. 이와 같이 의사가 볼 수 없는 뇌 속 병변을 내비게이션처럼 표시해주고 수술 좌표를 찾아준다.

2016년 12월 국내 최초로 식품의약품안전처로부터 뇌수술용 의료로봇에 대한 제조허가를 획득했다. 무엇보다 연세 세브란스 병원이 이러한 카이메로를 도입함으로써 2020년 4분기에 동사의 의료용 로봇 첫 매출이 발생되었다. 이에 따라 향후 매출처를 확대할 수 있는 기반이 마련되었다.

뇌수술용 로봇 시장은 연간 3조 원 정도로 평가되는데, 고영은 뇌수술용 의료로봇을 2021년 미국 식품의약국(FDA)에 승인을 신청한 뒤 2022년 현지진출에 나설 계획으로 향후 성장성이 가시화될 것이다.

한편 2020년 실적의 경우 코로나19 영향으로 인한 가동률 저하와 신규투자 지연 때문에 부진할 것이다. 그러나 2021년의 경우 미중 무역전쟁, 코로나19 등의 영향으로 2년간 지연되었던 투자가 재개될 것으로 예상될 뿐만 아니라 코로나19로 인한 스마트팩토리 활성화로 실적이 회복될 것으로 기대된다.

■ **독자 여러분의 소중한 원고를 기다립니다**

메이트북스는 독자 여러분의 소중한 원고를 기다리고 있습니다. 집필을 끝냈거나 집필중인 원고가 있으신 분은 khg0109@hanmail.net으로 원고의 간단한 기획의도와 개요, 연락처 등과 함께 보내주시면 최대한 빨리 검토한 후에 연락드리겠습니다. 머뭇거리지 마시고 언제라도 메이트북스의 문을 두드리시면 반갑게 맞이하겠습니다.

■ **메이트북스 SNS는 보물창고입니다**

메이트북스 홈페이지 www.matebooks.co.kr

책에 대한 칼럼 및 신간정보, 베스트셀러 및 스테디셀러 정보뿐만 아니라 저자의 인터뷰 및 책 소개 동영상을 보실 수 있습니다.

메이트북스 유튜브 bit.ly/2qXrcUb

활발하게 업로드되는 저자의 인터뷰, 책 소개 동영상을 통해 책에서는 접할 수 없었던 입체적인 정보들을 경험하실 수 있습니다.

메이트북스 블로그 blog.naver.com/1n1media

1분 전문가 칼럼, 화제의 책, 화제의 동영상 등 독자 여러분을 위해 다양한 콘텐츠를 매일 올리고 있습니다.

메이트북스 네이버 포스트 post.naver.com/1n1media

도서 내용을 재구성해 만든 블로그형, 카드뉴스형 포스트를 통해 유익하고 통찰력 있는 정보들을 경험하실 수 있습니다.

STEP 1. 네이버 검색창 옆의 카메라 모양 아이콘을 누르세요. STEP 2. 스마트렌즈를 통해 각 QR코드를 스캔하시면 됩니다. STEP 3. 팝업창을 누르시면 메이트북스의 SNS가 나옵니다.